Impressum

© 2017 Mark Seidl

Herstellung und Verlag: BoD - Book on Demand, Norderstedt

ISBN   9783741276514

Printed in Germany

Bibliografische Information der Deutschen Nationalbibliothek

Die Deutsche Nationalbibliothek verzeichnet diese Publikation in der Deutschen Nationalbibliografie; detaillierte bibliografische Daten sind im Internet über http://dnb.d-nb.de abrufbar.

Inhaltsverzeichnis

Impressum 1
Inhaltsverzeichnis 2
Einleitung 5
    Sparen und Investieren – ein leidiges Thema 5
    Vermeintliche Abkürzungen sind teuer 5
    Dreh- und Angelpunkt: Persönliche Anlageziele 6
    Die Rolle der Finanzindustrie 7
    Kapitalaufbau mit Exchange Traded Funds 9
Kapitel 1: Erst Ziele setzen, dann handeln 14
    Ziele setzen, bevor zum Ziel anderer zu werden. 14
    Worum es eigentlich geht 15
    Entnahmeziel 15
    Mittel zum Zweck: Das „Kapitalziel" 16
    Das „Sparziel": Die konkrete, regelmäßige Sparleistung 16
    Ableitung des Sparziels vom Entnahmeziel 17
    Kurskorrekturen sind erlaubt und wichtig 18
    Zusammenfassung des Kapitels 1 19
Kapitel 2: Das relevante Risiko kennen 20
    Abstrakte Risikobegriffe bringen uns nicht weiter 20
    Wenn das Risiko relevant wird 20
    Konzepte der Sicherheitsmarge und des kontrollierten Risikos 21
    Risikoaversion muss man sich leisten können 22
    Ein Beispiel 23
    Zusammenfassung des Kapitels 2 28
Kapitel 3: Risiken langfristig eingehen 29
    Langfristiges Investieren mildert den Einfluss negativer Kurseffekte ... 29
    Risiko oder Zinseszins – Wer gewinnt das Rennen? 30
    Ausgangsszenario: Alles laufe „normal" über 40 Jahre 31
    Szenario 1: Einsturz in Jahr 5 32
    Szenario 2: Einstürze in den Jahren 5 und 15 33
    Szenario 3: Einstürze in den Jahren 5, 15 und 25 34

Szenario 4: Einstürze in den Jahren 5, 15, 25 und 35 35
Zusammenfassung des Kapitels 3 38

Kapitel 4: Risiken bewusst steuern 40

Risiken lassen sich steuern 40
Reduktion der Risikoquote mit steigendem Alter 40
Zusätzlich: „Schäfchen ins Trockene bringen" 45
Frühzeitiger Ausstieg, wenn Kapitalziel (fast) erreicht 46
Zusammenfassung des Kapitels 4 47

Kapitel 5: Regelmäßig sparen und anlegen 48

Zeitliche Diversifikation mit regelmäßiger Einzahlung 48
Einmalzahlung als Alternative? 48
Ihre eigene, persönliche „Steuer" 49
Viel Wind um den Durchschnittskosteneffekt 50
Zusammenfassung des Kapitels 5 53

Kapitel 6: Sparbetrag jährlich erhöhen 54

Regelmäßige Erhöhung erleichtert Einstieg... 54
...und sorgt für eine konstante Sparquote... 56
..., erhöht jedoch die Gesamtsparleistung 56
Zusammenfassung des Kapitels 6 58

Kapitel 7: Früh beginnen 59

Der frühe Sparer...zahlt weniger 59
Aufschieben erschwert oder verhindert Erreichen des Entnahmeziels 60
Zusammenfassung des Kapitels 7 62

Kapitel 8: Dreifach diversifizieren 63

Warren Buffet – Genie, Glückspilz oder statistischer Ausreißer? 63
Zielerreichung vor Renditemaximierung 64
Formen der Diversifikation 66
Zeitliche Diversifikation 66
Diversifikation innerhalb Anlageklassen – Einzelwerte 69
Diversifikation innerhalb Anlageklassen – Regionen 71
Diversifikation über Anlageklassen hinweg 74
Ein Beispiel – Zwei Anlageklassen 75
Diversifikation über Anlageklassen hinweg 78
Die Idee des „Allwetterportfolios" 79

Inhaltsverzeichnis

Antizyklisches Handeln als positiver Nebeneffekt 80
Zusammenfassung des Kapitels 8 81

Kapitel 9: Unnötige Kosten vermeiden 83

Kosten übersteigen vermeintliche Überrendite 83
Auswirkung von Kosten auf Nettorendite 84
Die „magische" Münze 87
Der „magische" Aktienfonds 88
Überrendite nach Kosten – schön verpacktes Glück 89
Der Einfluss von Kosten auf den Anlageerfolg 90
Zusammenfassung des Kapitels 9 91

Kapitel 10: Kritisch am Ball bleiben und Flexibilität sichern 93

Die Welt verändert sich – bleiben Sie flexibel 93
Die „perfekte" Planung gibt es nicht 94
Handlungsspielräume sichern 95
Schlagen Sie professionelle Anbieter 96
Zusammenfassung des Kapitels 10 98

Nächste Schritte und Umsetzung 99

Einleitung

Sparen und Investieren – ein leidiges Thema

Keine Frage – natürlich gibt es Spannenderes, als sich mit dem Thema *„Sparen"* oder *„Geldanlegen"* zu beschäftigen. Sei es den eigenen Hobbies oder der Lieblingssportart nachzugehen, Zeit mit der Familie zu verbringen oder etwas für die Gesundheit zu tun.

Viele Menschen haben das Thema *„Sparen und Investieren"* so liebgewonnen, wie die jährliche Kontrolluntersuchung beim Zahnarzt. Wo es nur geht, wird weggeschaut, verschoben, vereinfacht oder unreflektiert der nächstbesten *„Beratung"* gefolgt.

Eine ganze Industrie ist entstanden, um von diesem menschlichen Verhalten Gebrauch zu machen. Aufwendig produzierte Werbespots, nett gemachte Hochglanzbroschüren oder der Plausch mit dem sympathischen Berater führen jedes Jahr zehntausende Anleger in *„Super"*/ *„Rundum-Sorglos"*-Anlagen, die sich im Nachhinein nur für den Verkäufer als *„Super"* erweisen – und den Privatanleger oft leider im Regen stehen lassen.

Vermeintliche Abkürzungen sind teuer

Ein großer Anteil der Anleger dürfte sich dieses Umstands noch nicht einmal bewusst sein: *„Besser überhaupt etwas gemacht"*, oder: *„Die paar Prozentpunkte Kosten machen den Braten jetzt auch nicht fett"* sind Ansichten, die man in diesem Zusammenhang vernimmt.

Leider sind diese Ansichten falsch. Auch *„einige wenige Prozentpunkte Kosten"* können bei langfristigen Anlagen viel ausmachen. Auf den Monat heruntergerechnet führen diese schnell zu Mehrkosten im hohen zwei- bis dreistelligen Eurobereich.

So viel also, dass der Privatanleger deshalb auf Dinge, die ihm lieb und wichtig sind, verzichten muss oder diese einzuschränken hat.

Ein Grund, sich *doch* mit dem Thema zu beschäftigen liegt darin, das Verschwenden von Geld zu vermeiden, welches anderweitig viel sinnvoller genutzt werden kann. Jeder Sparer dürfte daran interessiert sein, egal, ob er monatlich 20 Euro oder 20.000 Euro zur Seite legt – auch, wenn diese Beträge nicht sofort ersichtlich und weniger plakativ sind als die einmaligen 60 Euro, die man durch den sorgfältigen Online-Vergleich beim Kauf eines Kaffeevollautomaten spart.

Ein weiterer Grund: Die Materie ist natürlich doch viel spannender als der Besuch beim Zahnarzt. Wir werden vermeintliche Gegebenheiten und Anlageweisheiten aufbohren – und das macht hoffentlich auch Ihnen Spaß.

Dreh- und Angelpunkt: Persönliche Anlageziele

Wir laden Sie ein, die wesentlichen Erfolgsfaktoren einer erfolgreichen, regelmäßigen Anlage kennen zu lernen, sich vielleicht an der ein oder anderen Stelle überraschen zu lassen und am Ende der Lektüre bestärkt darin zu sein, selbst aktiv zu werden und auf Basis der kritischen Erfolgsfaktoren selbst erfolgreich Geld anzulegen.

Anlässe für regelmäßiges Sparen gibt es genug.

- **Das Sparen für eine Zusatzrente:** Die gesetzliche Rente wird in der Zukunft nicht ausreichen, um nach Renteneintritt das vorherige Lebensniveau halten zu können. Durch regelmäßiges Sparen können Sie eine mögliche Rentenlücke schließen oder verringern, indem Sie frühzeitig beginnen, regelmäßig Geld zurückzulegen und zu investieren.

- **Finanzielle Unabhängigkeit:** Durch regelmäßiges, diszipliniertes Sparen können Sie sich ggf. schon vor dem gesetzlichen Rentenalter die Option erarbeiten, nicht mehr einer regelmäßigen Erwerbstätigkeit nachgehen zu müssen.

- **Sparen für die Ausbildung des Nachwuchses:** Durch regelmäßige Einzahlungen können Sie die Geburt eines Kindes zum Anlass nehmen, mit überschaubaren Beträgen bereits die Unterstützung für die spätere Ausbildung anzusparen. Geld, das Ihnen dann später selbst zur Verfügung stehen wird.

- **Sparen für mittel- bis langfristige Anschaffungen:** Investitionen in Aktien oder Aktienfonds sind für kurzfristige Anschaffungen nicht zu empfehlen, da Sie Ihre Anteile ggf. zu einem Zeitpunkt verkaufen müssen, zu dem die Aktienkurse vielleicht einmal kurzfristig weniger attraktiv sind. Auch wenn die Aktienmärkte in den vergangenen Jahrzehnten in der Regel einem stabilen Aufwärtstrend gefolgt sind, erfolgten immer wieder deutliche Bewertungsrückgänge. Daher ist das Investieren mit Aktienfonds eher für mittel- und langfristige Ziele zu empfehlen mit einem Investitionshorizont ab 5-10 Jahren.

Die Rolle der Finanzindustrie

Jeder von uns befasst sich jährlich, zusammengerechnet mehrere Tage mit einzelnen, kleinen Kaufentscheidungen, wie der Anschaffung von Kaffee-/ Espressomaschinen, Mobiltelefonen, Tablets, Autos, Einrichtungsgegenständen, Nahrungsmitteln und/ oder Kühlschränken. Man informiert sich im Detail, es wird verglichen, probiert, getestet und gefeilscht. Leider findet ein solch ambitioniertes

Einleitung

Verhalten in der Regel keine Anwendung, wenn es um das Sparen und Investieren geht.

Woran mag das liegen?

Das Problem besteht darin, dass die wirklich attraktiven Formen der regelmäßigen Geldanlage oft entweder nicht bekannt sind (für die Investition in Indexfonds wird leider weiterhin wenig Werbung getrieben, da diese Anlageform für die Anbieter weniger lukrativ ist) oder von selbsternannten *„Experten"/ „Beratern"* mit rhetorischem Talent klein geredet werden. *„Berater"* können perfekt darin geschult sein, möglichen Gegenargumenten auszuweichen und den potentiellen Kunden mit geschickten Verkaufstechniken (z.B. Eingestehen möglicher, kleinerer Risiken oder dem Verfolgen taktischer Verwirrung) solange individuell zu *„bearbeiten"*, bis sie schließlich einwilligen. Dies ist nicht der einzelnen Person anzulasten, die für ein Finanzdienstleistungsunternehmen arbeitet. Zudem sollte man natürlich nicht jeden Akteur mit in die *„Sippenhaft"* nehmen. Es handelt sich jedoch leider um ein strukturelles Problem, da die Akteure incentiviert sind, Sie zum Abschluss des Vertrages zu bringen. Würden sie anders agieren, beraubten sie sich ihrer eigenen Einkommensquelle. Das ist das System, das ist das Spiel.

Die Finanzindustrie ist als privatwirtschaftlicher Sektor darauf angewiesen, positive Gewinnmargen zu erzielen beziehungsweise Verwaltungs- und Vertriebskosten zu decken. Dies kann nun kritisch diskutiert werden oder nicht – jedoch steht am Ende die Einsicht, dass Sie als Privatanleger letztlich von diesem System wenig profitieren und über ihr Leben hinweg zehntausende Euro an die Finanzindustrie zahlen, die Sie und Ihre Familie sicherlich für andere Zwecke gut hätten nutzen können.

Der Grund, dass sich viele Menschen nicht selbst mit dem Thema beschäftigen, liegt also auch an einem System der *„bewussten Verwirrung"*, in dem ein Großteil der Privatanleger den Lösungen folgt, die mit dem höchsten Werbebudget beworben werden – letztlich zahlen die Privatanleger jedoch die Zeche dafür und das kann teuer werden.

Kapitalaufbau mit Exchange Traded Funds

Dabei gibt es valide Alternativen – beispielsweise die Möglichkeit, durch den Rückgriff auf Exchange Traded Funds (ETFs) strukturiert und langfristig Kapital aufzubauen. Obwohl dieses Buch nicht das Ziel verfolgt, umfassend und im Detail über ETFs zu informieren – hierzu gibt es bereits exzellente Literatur; eine Auswahl zu finden auf etfsparer.de – so möchten wir trotzdem zu Beginn auf die wesentlichen Eigenschaften eingehen:

1. ETFs sind Anlagevehikel, welche die Kursentwicklungen bestimmter Anlagen, auch ganzer Aktienmarktsegmente, abbilden und deshalb auch als *„passive Fonds"* bezeichnet werden.
2. Durch den Kauf eines ETF partizipieren Sie (nahezu) 1:1 an der Wertentwicklung eines Index – beispielsweise des Dax in Deutschland oder der Dow Jones in den USA.
3. Als ETF-Sparer investieren Sie also *nicht* in ein Aktienportfolio, das ein Fondsmanager selbst zusammengestellt hat und *„aktiv"* durch ständige Kauf- und Verkaufstransaktionen betreut.
4. Durch den Rückgriff auf Exchange Traded Funds (ETF) können unnötige Kosten vermieden werden. Zudem ergeben sich Vorteile aus der erhöhten Transparenz der Produkte. Insbesondere der Möglichkeit für Privatanleger, einen Fonds zu kaufen, der eine hohe Anzahl von Aktien beinhal-

tet, ist ganz wesentlich: Wenn Sie als Privatanleger beispielsweise in den Dax investieren möchten, der die Aktien der dreißig größten börsennotierten Unternehmen zusammenfasst, müssen Sie sich den Index nicht selbst *„zusammenbauen"*, indem Sie die einzelnen Aktien gemäß Ihrer Gewichtung (beispielsweise Adidas 3,44%, Deutsche Post 3,01%, Siemens 10,46%) kaufen. Vielmehr erwerben Sie einen ETF, der diesen Index nachbildet. Der Wert des gekauften ETFs entwickelt sich dann so, als hielten Sie die Bestandteile des Dax in der jeweiligen aktuellen Gewichtung.

Vielen Anleger reichen diese wenigen Informationen aus, um sofort mit dem Vergleich des *„besten"* ETF zu beginnen und damit möglichst schnell von diesen attraktiven Instrumenten zu profitieren. Dies ist ein gangbarer Weg, jedoch möchten wir Sie dazu einladen, hinter die Kulissen zu schauen und zu reflektieren, weshalb und unter welchen Voraussetzungen diese Instrumente genutzt werden können, um selbst erfolgreich Kapital aufzubauen.

Die vielen, interessant geschriebenen Artikel und Blogbeiträge zum Thema *„Anlage mit ETFs"* sind sicherlich hilfreich und inspirierend. Hat ein Privatanleger diese jedoch gefunden, so folgt die nächste Herausforderung, sich durch die vielzähligen *„Expertenmeinungen"* mit den unterschiedlichsten und sich teils widersprechenden Meinungen nicht vollends verwirren zu lassen. Vor lauter Verunsicherung erfolgt dann nicht, was so einfach ist und gleichzeitig Erfolg verspricht: Regelmäßig diszipliniert in kostengünstige Anlageformen wie ETFs zu investieren.

Einleitung

Wir sind davon überzeugt, dass es sinnvoll ist, zunächst einen Schritt zurück zu schreiten und sich zu besinnen, weshalb denn überhaupt der Einsatz von ETFs/ Indexfonds so interessant sein kann und worin die wesentlichen Erfolgsfaktoren liegen.

Gerüstet mit diesem Wissen können Sie sich dann bei der Ausgestaltung Ihrer konkreten Anlagestrategie Ihre eigene Meinung zu den vielzähligen Beiträgen bilden.

Ein weiterer Vorteil liegt darin begründet, dass sich im Rahmen des sehr zu empfehlenden Besuchs eines sogenannten Honorarberaters (*es handelt sich um Berater, die nicht an Vermittlungsprovisionen verdienen, sondern an einem von Ihnen zu zahlenden Honorar – hierdurch kann der potentielle Interessenkonflikt gelöst werden*) auf Ihre persönliche Strategie fokussieren können und der Berater nicht bei „*Null*" anfangen muss. Durch das in diesem Buch komprimierte Wissen können somit gegebenenfalls auch Beratungsstunden vermieden werden, die von dem Honorarberater dazu genutzt werden müssten, um Sie erst einmal grundsätzlich zu informieren. Somit kann die Lektüre nicht nur beiderseitig Nerven (und bares Geld) sparen, sondern kann vielleicht auch zum Erfolg beitragen, weil Sie mit dem Berater „*auf Augenhöhe*" sprechen, das heißt auch einmal kritisch nachfragen können (und sollten).

Durch diese Beratung können Sie dann auch persönlich Detailfragen klären. Interessant ist, dass eine Vielzahl der Honorarberater aufgrund Ihrer Unabhängigkeit den von uns vorgestellten Ansatz durch die regelmäßige Einzahlung in ETF-Sparplänen als sehr gut geeignete Anlageform empfehlen.

Dieses Buch erhebt nicht den Anspruch auf Vollständigkeit. Vielmehr setzen wir es uns als Ziel, mit Ihnen gemeinsam hinter die Kulissen zu schauen und zu reflektieren, welche Faktoren das regelmäßige Sparen mit ETFs erfolgreich machen. Im Gegensatz zu vielen

Artikeln und Beiträgen im Internet liegt der Fokus nicht auf den technischen Komponenten, wie beispielsweise der Auswahl des geeigneten ETFs oder eines geeigneten Anbieters von Sparplänen. Eine erste Anlaufstelle kann die Internet-Plattform ETFsparer.de darstellen.

An einigen Stellen werden Sie vielleicht überrascht sein – eine Überraschung beispielsweise ist die Tatsache, dass der Ansatz von einer Person empfohlen wird, die man als Meister der aktiven Auswahl von Einzelaktion gekürt hat. Warren Buffett, der von vielen als *„Aktiengenie"* gefeiert wird. Es gelang ihm nachweislich über Jahrzehnte, bessere Renditen als das eines breitdiversifizierten Portfolios zu erzielen:

"If you don't like spending 6-8 hours per week working on investments, then dollar-cost average into index funds. This accomplishes diversification across assets and time, two very important things."

Einer der ganz wenigen Investoren, denen es gelungen ist, ein breit diversifiziertes Portfolio zu schlagen, empfiehlt die regelmäßige Anlage in Indexfonds/ Exchange Traded Funds. Ein Widerspruch? Aus unserer Sicht nicht unbedingt. Gerade der erfolgreiche Investor hat am eigenen Leibe erfahren dürfen, wie schwierig es ist, durch eine besonders geschickte Auswahl von Einzelaktien Überrenditen zu erzielen.

Kenntnis der Erfolgsfaktoren stärkt Ihre Position als kritischer Anleger

Was bestimmt nun also den Erfolg einer langfristig erfolgreichen Spar- und Investitionsstrategie? Wir sind davon überzeugt, dass jeder Privatanleger davon profitiert, seine Sensibilität bzgl. der wesentlichen Erfolgskriterien zu schärfen. Die Kenntnis wesentlicher Faktoren macht Sie als Anleger unabhängig und *„immun"* vor falschen Versprechungen und vermeintlicher *„Weisheiten"* selbsternannter Experten.

Im folgenden Kapitel möchten wir Sie deshalb vertraut mit den folgenden *„Schlüsseln zum Erfolg"* machen, die auch Ihnen persönlich behilflich sein werden:

1. Erst Ziele setzen, dann handeln
2. Das relevante Risiko kennen
3. Risiken langfristig eingehen
4. Risiken bewusst steuern
5. Regelmäßig sparen und anlegen
6. Sparbetrag jährlich erhöhen
7. Früh beginnen
8. Dreifach diversifizieren
9. Unnötige Kosten vermeiden
10. Flexibilität sichern

Was macht also das regelmäßige Sparen und Investieren erfolgreich? Wir freuen uns auf die Reise mit Ihnen, auf der wir die – aus unserer Sicht – zehn wichtigsten Faktoren im Detail kennen lernen werden.

Kapitel 1: Erst Ziele setzen, dann handeln

Ziele setzen, bevor zum Ziel anderer zu werden.

Was passiert, wenn Sie ziellos ein Reisebüro besuchen und den freundlichen Angestellten bitten, eine Reise für Sie zu buchen? Er wird Ihnen tendenziell die Reise schmackhaft machen, welche ihm eine tendenziell höhere Provision verspricht und/oder für die es noch Restplätze gibt, die er noch schnell loswerden möchte. Anstatt des Aufenthalts in dem ursprünglich gewünschten Viersterne-Hotel auf Mallorca, fliegen Sie dann für drei Wochen für einen Abenteuerurlaub nach Thailand – der Ihnen mit großem Geschick ans Herz gelegt wurde (*„einmalige Gelegenheit"*), den Sie aber eigentlich nie wollten.

Sind Sie jemals zum Frisör gegangen und haben um einen Rat gebeten, ob ein Haarschnitt denn überhaupt notwendig sei? Was geschieht, wenn Sie einen Bankangestellten bitten, die *„beste Lösung"* für Sie persönlich herauszusuchen?

Sie können davon ausgehen, dass so manch erhaltener Rat stark an die individuellen Ziele und die Anreizstruktur des Ratgebers gekoppelt ist. Dies liegt in der Natur der Sache und des erfolgreichen Wirtschaftens. Ein Frisör verdient nur, wenn er Haare schneidet/ tönt oder anderweitig bearbeitet. Ein Reisebüro verdient mehr an teureren Reisen. Ein Bankangestellter wird belohnt, wenn er ein Produkt mit hohen Provisionen verkauft.

Dies ist der Grund, weshalb Sie niemals ziellos zum Frisör, ins Reisebüro oder zu *„Ihrem"* Bankberater *„des Vertrauens"* zur Besprechung geeigneter Anlagemöglichkeiten gehen sollten.

Worum es eigentlich geht

Auch bei der Geldanlage kann der gesunde Menschenverstand ein wichtiger Weggefährte sein. Machen Sie sich klar, was Sie wollen und leiten Sie daraus Ihre Handlungen ab. Führen Sie sich vor Augen, wofür Sie Geld anlegen: Sie wollen beispielsweise ab Rentenbeginn über eine regelmäßige Zahlung verfügen, die es Ihnen zusätzlich zur gesetzlichen Rentenzahlung ermöglicht, das Lebensniveau vor der Rente zu erreichen – ein solches Ziel kann lauten:

„Ab 67 erhalte ich monatlich einen Betrag von 300 Euro, der sich jährlich um die Inflationsrate erhöht, um den Kaufkraftverlust auszugleichen und gemeinsam mit der gesetzlichen Rente ausreicht, um weiterhin meinen Lebensstandard zu halten".

Formulieren Sie ein solches Ziel – explizit und schriftlich.

Entnahmeziel

Wir nennen es das *„Entnahmeziel"*. Das Entnahmeziel kann beispielsweise die Differenz aus dem erwarteten Bedarf im Rentenalter und den Einnahmen darstellen, die Sie ab Renteneintritt erwarten. Gleichzeitig kann ein Entnahmeziel darin bestehen, in 18 Jahren über einen 5-jährigen Zeitraum Zahlungen entnehmen zu können, um beispielsweise die Ausbildung des Nachwuchses zu finanzieren.

Drei Fragen helfen bei der Bestimmung des Entnahmeziels:

1. Ab wann soll die Entnahme stattfinden?
2. Über welchen Zeitraum soll der Betrag entnommen werden?
3. In welcher Höhe sollen Entnahmen erfolgen?

Ein solches Ziel schriftlich zu fixieren ist essentiell. Um das Entnahmeziel näher zu quantifizieren, empfiehlt es sich durchaus, mit einem

Honorarberater zu sprechen. Dieser hilft Ihnen, beispielsweise die Lebenshaltungskosten ab dem Renteneintritt zu bestimmen und kann durch ein Gespräch mit Ihnen zu einer validen Schätzung der zu erwartenden Einnahmen kommen.

Mittel zum Zweck: Das „*Kapitalziel*"

Um das Entnahmeziel zu erreichen, müssen Sie sparen und investieren. Das Entnahmeziel – ein monatlicher Eurobetrag – definiert gemeinsam mit anderen, gegebenen Parametern das „*Kapitalziel*".

Übertragen auf das Beispiel der Altersvorsorge bedeutet dies: „*Um unser Entnahmeziel zu erreichen, müssen wir zum Renteneintritt über ein Kapital von x Tausend Euro verfügen*". Dieses Kapitalziel ist von mehreren Parametern wie der zu erwartenden durchschnittlichen, jährlichen Steigerung des allgemeinen Preisniveaus (*Inflation*) sowie den erzielbaren Guthabenzinsen abhängig.

Das „*Sparziel*": Die konkrete, regelmäßige Sparleistung

Das Kapitalziel bestimmt wiederum gemeinsam mit dem gewünschten Mix der Anlageformen den Betrag, den Sie regelmäßig sparen müssen – das „*Sparziel*".

Durch regelmäßige Einzahlungen in ein einfaches Portfolio, einem klugen Mix von Anlageformen, gelangen Sie während der Ansparphase zu einem Kapitalbetrag, der es Ihnen erlaubt, sich beispielsweise während der Entnahmephase die gewünschten Beträge selbst auszahlen zu können – beispielsweise zum Schließen einer eventuell bestehenden Rentenlücke, zum Erreichen finanzieller Unabhängigkeit oder für die Zahlung von Ausbildungskosten.

Folgende Abbildung illustriert die Mechanik des zielorientierten Sparens und Anlegens:

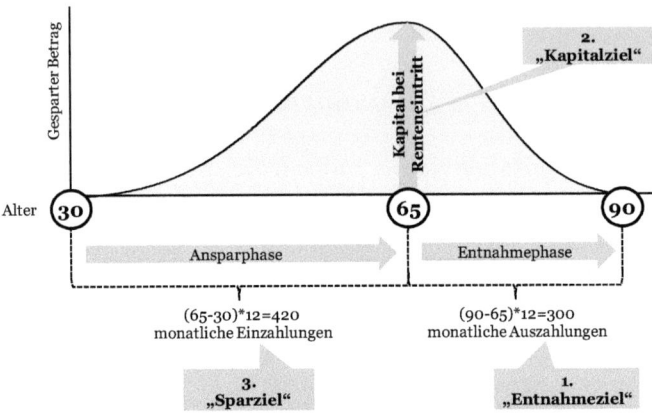

Ableitung des Sparziels vom Entnahmeziel

Bei der konkreten Umsetzung gehen wir umgekehrt vor. Zunächst bestimmen wir das Entnahmeziel, welches das Kapitalziel definiert, woraus sich wiederum das Sparziel ableitet. Als Ergebnis steht folglich ein konkretes monatliches oder quartalsweises Sparziel von *„X Euro pro Sparperiode"*, das Sie erreichen müssen, um ab dem Ende der Sparphase die gewünschte regelmäßige Zahlung erhalten zu können.

Bei der Berechnung sind eine Vielzahl von Faktoren zu berücksichtigen, deren zukünftige Ausprägungen heute nicht bekannt sind, u.a. die Inflationsrate, das Zinsniveau, die Rendite der Aktienmärkte, das Steuerniveau etc.

Weshalb ist das Setzen konkreter Ziele so wichtig für den Erfolg Ihrer Anlagestrategie? Indem Sie sich auf konkrete Etappenziele in Form von regelmäßigeren Sparraten konzentrieren und den Anlagemix bewusst steuern, behalten Sie jederzeit die Zügel in der Hand.

Sie selbst werden zu der Person, die darüber entscheidet, welche Handlungen zu treffen sind, um beispielsweise die eigene Altersvorsorge optimal zu gestalten und werden nicht zu einem Spielball von Personen und Institutionen, denen es vornehmlich um die Maximierung der eigenen Gewinne geht.

Sie werden mit dieser Vorgehensweise auch der Versuchung widerstehen können, sich durch Schlagwörter wie *„Steueroptimierung"*, *„staatliche Zulage"* oder dem Versprechen *„überdurchschnittlicher Renditen"* zu unüberlegten, kurzfristig orientierten Handlungen verleiten zu lassen.

Durch klares, zielgerichtetes Handeln bewahren Sie sich selbst vor dem häufig anzutreffenden Phänomen, dass potentielle Kunden mit den oben genannten oder ähnlichen Schlagwörtern geködert werden, bis sich diese Kunden dann in viel zu teuren, unflexiblen Produkten mit hohen Gebühren wiederfinden, die den Vorteil dieser eigentlichen Vorteile, bspw. staatlicher Zulagen, mehr als wettmachen. Dies vermeidet typische und teure Zick-Zack-Verhalten, bei denen sich Anleger nach einem *„Beratungsgespräch"* für eine bestimmte Lösung begeistern lassen, diese umsetzen, dann feststellen, dass die Lösung nicht passt, vom nächsten Berater eine neue Lösung *„empfohlen/ aufgeschwatzt"* bekommen...und so weiter.

Kurskorrekturen sind erlaubt und wichtig

Klare Ziele schließen Kurskorrekturen nicht aus. Der Pilot eines Passagierflugzeugs startet auch mit einer definierten Route, nimmt aber eine Vielzahl von Kurskorrekturen vor, beispielsweise je nachdem welche Überflugerlaubnisse ihm erteilt werden oder welche Wetterverhältnisse sich während des Fluges ergeben. Genauso starten Sie bei Ihrer Anlage mit einem Ziel, aus dem Sie dann konkrete Handlungen in Form eines detaillierten Ein- und Auszahlungsplans ableiten.

Im Umkehrschluss kann sogar behauptet werden, dass die Möglichkeit von Kurskorrekturen das Einschlagen einer klaren Marschroute überhaupt erst möglich macht. Gäbe es die Möglichkeit nicht, so wäre die Entscheidung für ein Ziel womöglich schwieriger zu treffen und Sie würden nie beginnen. Die Flexibilität, die Ihnen ein Sparplan im Eigenbau bietet, kann dann dazu genutzt werden, im Zeitablauf entsprechende Anpassungen vorzunehmen, beispielsweise, wenn sich die Erwartungen in Bezug auf die gesetzliche Rente ändern, Sie mehr verdienen oder sich beispielsweise in der glücklichen Lage wiederfinden, außerordentliche Einmalzahlungen leisten zu können.

Zusammenfassung des Kapitels 1

1. Machen Sie sich bewusst, dass jeder Berater auch immer auch ein kommerzielles Interesse verfolgen wird.

2. Klären Sie, ob dieses kommerzielle Interesse im Widerspruch zu Ihrem Anlageerfolg stehen könnten – beispielsweise, indem zu hohe Gebühren gefordert werden oder keine Flexibilität gegeben ist.

3. Worum es geht: Sie sparen und investieren, um zu einem späteren Zeitpunkt über einen Geldbetrag verfügen zu können oder regelmäßige Entnahmen zu tätigen.

4. Ihre Anlageziele leiten sich von konkreten, zukünftigen Lebenssituationen ab, beispielsweise dem Erreichen einer Zusatzrente, finanzieller Unabhängigkeit oder der Möglichkeit, die Ausbildung der Kinder sorgenlos finanzieren zu können.

5. Fassen Sie Ihre Ziele zusammen. Falls sich die Lebensumstände ändern, erfassen Sie revidierte/ neue Ziele auf dem gleichen Blatt Papier.

Kapitel 2: Das relevante Risiko kennen

Abstrakte Risikobegriffe bringen uns nicht weiter

„Die Volatilität der Aktie beträgt 12%", „das Risiko einer Marktkonsolidierung ist relativ hoch", „in den kommenden Monaten werden temporäre Kursrückgänge wahrscheinlicher" – solche oder ähnliche Berichte sind regelmäßig der Presse zu entnehmen. Selbst Spezialisten können mit solchen herausgelösten Aussagen wenig anfangen. Der Grund: Der Risikobegriff wird erst dann relevant und operabel, wenn er in Verbindung mit einem Ziel steht.

Wenn Sie ein Knock-Out-Zertifikat besitzen, das wertlos wird, wenn eine bestimmte Aktie um 2% steigt, so ist die Ausprägung Volatilität hochrelevanter Risikofaktor. Eine Kursbewegung von mehr als 2% würde das Zertifikat komplett wertlos verfallen lassen und das eingesetzte Kapital vernichten. Wenn Sie jedoch die Aktie über einen sehr langen Zeitraum halten möchten, so rückt die Volatilität, d.h. die Schwankungsbreite des Aktienkurses, eher in den Hintergrund der Betrachtung – auch wenn die Berücksichtigung weiter wichtig ist.

Wenn das Risiko relevant wird

Kehren wir nochmals zu unserem Piloten aus dem vorherigen Beispiel zurück. Sagen wir, die Wahrscheinlichkeit, mit x Liter Kerosin über 6.500 km fliegen zu können, betrage 90%. Das Risiko also, dass dem Piloten das Kerosin ausgeht, liegt bei mindestens 10%, wenn der Flughafen über 6.500 km weit entfernt liegt. Wie die *„Volatilität"* der Aktie, ist auch dieses Risiko des möglichen Kerosinmangels erst einmal abstrakt. Die Relevanz ergibt sich erst mit dem Ziel; wenn Sie beispielsweise (möglichst sicher) das Ziel New York von Berlin aus erreichen möchten – mit einer Flugdistanz von 6.385 km.

Mit „x" Tonnen Kerosin an Bord, liegt das Risiko eines Absturzes aufgrund eines Mangels an Treibstoff dann bei beispielsweise ca. 10%. Das Risiko, das Ziel New York nicht sicher zu erreichen, stellt hier folglich das *„relevante Risiko"* dar.

Konzepte der Sicherheitsmarge und des kontrollierten Risikos

Aus gutem Grund betanken Fluglinien ihre Flugzeuge mit mehr Kerosin als es eigentlich notwendig wäre. Den *„Aufschlag"*, den Sie kalkulieren, basiert auch auf historischen Parametern und berücksichtigt sehr ungünstige Szenarien schlechter Flugbedingungen.

Eine solche Sicherheitsmarge sollten Sie auch bei Ihrer persönlichen Anlagestrategie einplanen. Stehen Sie beispielsweise fünf Jahre vor einem geplanten Renteneintritt und die Aktienmärkte verzeichnen einen Rückgang von 60%, so haben Sie ein echtes Problem, wenn Sie zu 100% in Aktien investiert sein sollten. Viele Menschen neigen aufgrund dieser Szenarien dazu, komplett die Finger von Aktien oder Aktienfonds zu lassen. Diese beobachtete Risikoaversion ist psychologisch gesehen natürlich nachvollziehbar. Wer möchte schon 30 Jahre lang sparen, um dann fünf Jahre vor dem Ende der Sparphase 60% der Ersparnisse zu verlieren? Aus diesem Grund werden wir in diesem Buch darauf eingehen, wie Sie entsprechend hohe Verluste vermeiden können, ohne auf den Einsatz von Aktien komplett verzichten zu müssen.

Das Paradoxon des Risikos beim langfristigen Risikos besteht darin, dass die komplette Risikoaversion das *relevante* Risiko erhöht.

Das komplette Ignorieren von Aktien als ein Instrument für die Altersvorsorge ist beispielsweise aufgrund der möglichen, temporären

Kursrückgänge emotional nachvollziehbar. Der komplette Risikoverzicht kann jedoch gleichzeitig das relevante Risiko erhöhen. Dies erscheint paradox: *„Weshalb erhöht sich das relevante Risiko? Schließlich führt der Verzicht auf Aktieninvestitionen dazu, dass das Risiko temporärer Kursrückgänge komplett vermieden werden kann!"*.

Die Antwort: Kurzfristige Kursrückgänge sind nicht das relevante Risiko bei dem langfristigen Sparen, beispielsweise für die Altersvorsorge! Ihr persönliches, ganz konkretes relevantes Risiko besteht darin, dass Sie nach der Sparphase also beispielsweise ab Renteneintritt oder vor der Ausbildung der Kinder nicht über die notwendigen Mittel verfügen, um den gewünschten Lebensstandard halten zu können bzw. die Ausbildung zu finanzieren. Verzichten Sie komplett auf den Einsatz von Aktien, steigen die Chancen deutlich, Ihr persönliches Kapitalziel zum Ende der Sparphase nicht erreichen zu können.

Durch den Zinseszinseffekt hat jeder Prozentpunkt jährlicher Rendite im nächsten Jahr eine Zusatzrendite zu Folge. Das Gesamtkapital erhöht sich und damit auch die Verzinsungsbasis. Wird nun auf die Investition in Aktien verzichtet, muss zwangsläufig das Sparziel, d.h. der regelmäßig aufzubringende Betrag, deutlich erhöht werden.

Die Wahrscheinlichkeit, dass Sie dann beim vollständigen Verzicht auf Aktien in den kommenden Jahrzehnten nicht in der Lage sein werden, diese entsprechend erhöhten Beträge regelmäßig aufzubringen, steigt dann deutlich und erhöht damit das relevante Risiko.

Risikoaversion muss man sich leisten können

Niemand übernimmt per se gerne Risiko. Dies ist eine ganz menschliche Eigenschaft. Jedoch gilt auch beim langfristigen Sparen: Der komplette Verzicht auf Risiko kann sehr teuer sein und Ihren konkreten Lebenszielen im Weg stehen. Zugespitzt gesagt: Jeder Anleger kann sich nur ein bestimmtes Maß an Risikoaversion *„leisten"*, wenn er seine ganz individuellen Anlageziele beispielsweise in Form des Haltens des Lebensstandards zum Renteneintritt, der Finanzierung der Ausbildung des Nachwuchses oder aber auch der finanziellen Unabhängigkeit wirklich erreichen will.

Ein Beispiel

Anna ist 30 Jahre alt und verdient heute einen Geldbetrag von ca. 2.000 Euro netto im Monat. Ab dem Alter von 67 Jahren möchte sie eine Zusatzrente beziehen, um eine erwartete Rentenlücke in Höhe von 600 Euro ausgleichen zu können. Da sie in einer Großstadt lebt, reicht das Nettogehalt jeden Monat gerade so aus, um die Ausgaben zu decken. Nach einer eingehenden Analyse hat Anna jedoch festgestellt, dass Sie bis zu 300 Euro monatlich sparen könnte.

Sie würde sich eher als sicherheitsorientiert bezeichnen und liebäugelt deshalb damit, ihre Altersvorsorge mit einem Banksparplan umzusetzen. Die Frage ist nun: Macht das Sinn?

Abbildung: Monatlich notwendiger Sparleistung in Abhängigkeit von Aktienquote

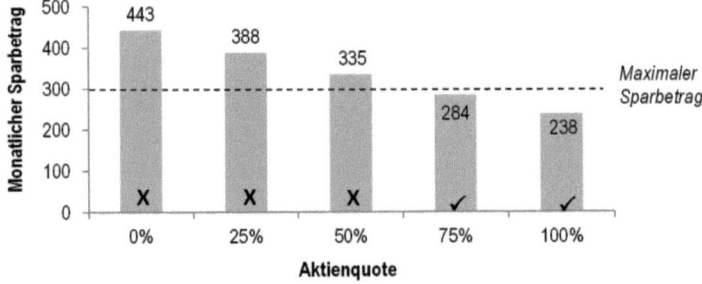

Die Aktienquote gibt den Anteil an, der in Annas Portfolio durch Aktientitel abgebildet wird – beispielsweise ETFs. Auf Basis historischer Zahlen ergibt sich unter der Annahme einer langfristigen Anlage die Einsicht: Je höher die Aktienquote, desto geringer der aufzubringende Sparbetrag.

Es zeigt sich, dass jeder Anleger einer Abwägung zwischen Sparbetrag und Aktienquote ausgesetzt ist. Ein vollkommener Verzicht auf Aktien oder eine sehr geringe Aktienquote sind somit unumgänglich mit einem hohen Sparbetrag verbunden, der ggf. dann über den finanziellen Möglichkeiten, d.h. der maximal aufzubringenden Sparleistung liegt.

Die Abbildung illustriert, welche monatlichen Sparbeträge bei variierender Aktienquote notwendig sind, um das persönliche Kapitalziel zu erreichen.

Folgende Annahmen liegen der Berechnung zugrunde:

1. Inflation – die durchschnittliche jährliche Steigerung des allgemeinen Preisniveaus entspricht der jährlichen Rate, die ihr Geld jährlich *„entwertet"*: 2% jährlich
2. Risikoloser Zinssatz – der Zinssatz, zu dem Sie risikolos Geld anlegen können, beispielsweise durch Anlage auf einem Tagesgeldkonto: 2% jährlich (aktuell ist dieser Wert deutlich geringer, die Inflationsrate jedoch auch)
3. Marktrendite – die durchschnittliche Entwicklung der Aktienkurse eines diversifizierten Portfolios: durchschnittlich 6% pro Jahr

4. Steuern – die Steuerlast, welche sich bei der Realisation von Kursgewinnen oder regelmäßigen Dividendenzahlungen ergibt: 26,73% des Kursgewinns oder des Dividendenertrages

5. Fondsgebühr p.a. (TER) – die jährlichen Kosten, die der Anbieter des Fonds für sich beansprucht: 0,5%

Es zeigt sich, dass Anna bei einer durchschnittlichen Inflationsrate von 2% p.a. monatlich deutlich mehr als 400 Euro zurücklegen müsste, um ihr Sparziel mit einem Banksparplan zu erreichen (Aktienquote: 0%). Der notwendige monatliche Sparbetrag steigt mit zunehmender Aktienquote, wenn wir von einer durchschnittlichen Aktienrendite in Höhe von 6% ausgehen. Durch die Erhöhung des Aktienanteils steigt die zu erwartende Rendite des Gesamtportfolios, wodurch sich wiederum der notwendige Sparbetrag verringert. Es zeigt sich, dass Anna mit einer Aktienquote von 75% Ihren maximal möglichen Sparbetrag erreicht.

Die Antwort auf die gestellte Frage *„Macht das Sinn?"* kann somit nur eine Gegenfrage sein: *„Kann ich mir das leisten?"*. Zwischen dem notwendigen Sparbetrag bei einer Quote von 0% (443 Euro) sowie dem Betrag bei einer Aktienquote von 50% (335 Euro) bzw. 75% (Euro 238) liegen monatlich mehr als 108 bzw. 205 Euro Unterschied.

Anna steht vor der Situation, folgende drei Faktoren abzuwägen:

1. Sparquote erhöhen
2. Lebensstandard im Alter reduzieren
3. Aktienquote erhöhen

Anna weiß, dass selbst die angestrebte Sparquote in Höhe von 15% (ihr maximal möglicher Sparbetrag in Höhe von. 300 Euro geteilt durch das monatliche Nettogehalt in Höhe von 2000 Euro) höher ist als die durchschnittliche Sparquote der deutschen Bundesbürger (ca. 10% im Jahr 2013).

Abbildung: Durchschnittliche Sparquote der privaten Haushalte in Deutschland (Quelle: Statistisches Bundesland)

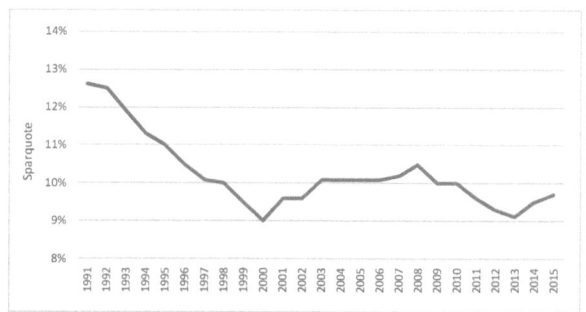

Anna ist sich auch bewusst, dass es trotz vieler möglicher guter Vorsätze auch eine Herausforderung darstellen wird, diese Sparquote in der Zukunft halten zu können. Über die nächsten 37 Jahre im Falle einer ausschließlichen Zahlung in einen Banksparplan ca. 22,2% (443/2.000) zurückzulegen, kann für Sie keine Option sein. Sie ahnt: Eine Altersvorsorge auf einer solchen Annahme zu fußen, kann sich als ein riskantes Risiko darstellen, überhaupt erfolgreich vorzusorgen.

Gleichzeitig möchte sie keine Kompromisse bei Ihrem persönlichen Anlageziel machen – Sie ist nicht bereit, ab Renteneintritt auf Ihren heutigen Lebensstandard zu verzichten. Eine Herabsetzung des Entnahmeziels kommt für sie ebenfalls nicht in Frage.

Wie in vielen anderen Lebensbereichen zeigt sich auch hier, dass sich nicht immer alles gleichzeitig erreichen lässt. Ein Banksparplan ist für

Anna ein zu teures Anlageinstrument, um eine solide Altersvorsorge umzusetzen. Wenn sie unter der realistischen Annahme einer vernünftigen Sparquote, durch die Altersvorsorge Ihren Lebensstandard ab Renteneintritt absichern will, so führt kein Weg daran vorbei, zusätzliches Risiko in Form von Investition in Aktienfonds zu übernehmen. Dies muss natürlich nicht zwangsläufig bedeuten, dass Anna genau 75% Aktienfonds halten sollte – vielmehr führt es ihr vor Augen, dass sie ganz ohne den Einsatz von Aktien ihr persönliches Ziel unter realistischen Bedingungen nicht erreichen würde.

Dank der konservativen und ehrlichen Planung ergeben sich für Anna ausgezeichnete Chancen, die möglichen Kehrseiten der Risikoübernahme abzumildern, indem sie beispielsweise in diversifizierte Portfolios und nicht in Einzelaktien investiert, ihre Investitionen über mehrere Regionen streut, sich durch die Zahlung regelmäßiger Sparraten auch bezüglich der Einstiegszeitpunkte diversifiziert und die Aktienquote mit steigendem Alter schrittweise reduziert. Wir kommen auf diese einzelnen Erfolgsfaktoren später nochmals im Detail zu sprechen.

Durch die Beachtung dieser Erfolgsfaktoren minimiert sie das für sie wirklich relevante Risiko – nämlich ab Rentenbeginn mit deutlich weniger dazustehen und den geplanten Lebensstandard nicht halten zu können.

Zusammenfassung des Kapitels 2

1. Ein wesentlicher Erfolgsfaktor bei der langfristigen Geldanlage besteht darin, das für Sie wirklich relevante Risiko zu kennen.

2. Ihr individuelles relevantes Risiko kann darin bestehen, nach dem Ende der Spar- und Investitionsphase nicht über ausreichend hohe regelmäßige Zahlungen verfügen zu können, die in ihrer Höhe ausreichen, um beispielsweise ein Absenken des Lebensstandards zu verhindern.

3. Kurzfristige Kursschwankungen und Verringerungen des Bewertungsniveaus haben zwar einen Einfluss auf das relevante Risiko, sollten jedoch nicht mit diesem verwechselt werden.

4. Bei einer gemeinhin als *„risikolos"* bezeichneten Anlagestrategie ohne Rückgriff auf risikobehaftete Instrumente wie Aktien kann sich das relevante Risiko der Sparstrategie paradoxerweise erhöhen, da die regelmäßig aufzubringenden Beträge so stark steigen, dass sie mit hoher Wahrscheinlichkeit über die gesamte Sparphase nicht geleistet werden können.

Kapitel 3: Risiken langfristig eingehen

Langfristiges Investieren mildert den Einfluss negativer Kurseffekte

Je länger Sie Risiko übernehmen, desto unwichtiger sind kurzfristige Kursschwankungen.

Wir haben die Kehrseite von Aktieninvestition angesprochen. Bei der Investition in Einzelaktien riskieren Sie jederzeit einen Totalverlust Ihrer Investition – wir gehen später darauf ein, dass Sie durch die Investition in diversifizierte Indexfonds dieses individuelle Risiko eliminieren können. Doch auch dann bleibt das Risiko, dass Sie durch Kursrückgänge des gesamten Aktienmarkts zumindest kurzfristig einen bedeutsamen Teil des investierten Kapitals verlieren.

Die Historie belegt, dass die Kurse nach dem Absturz allgemeiner Bewertungsniveaus um teils 50%, 60% oder auch 80% meist über einen überschaubaren Zeitraum von wenigen Jahren regelmäßig wieder auf das Niveau vor dem Absturz zurückkehren. Während ein *„Trader"* versucht, sich diese Schwankungen zum eigenen Nutzen zu machen, ist es unser Ziel, die möglichen negativen Auswirkungen dieser teils drastischen Kursrückgänge auf das Erreichen unseres Kapitalziels so weit wie möglich zu minimieren. Wir haben dabei einen wichtigen Helfer an unserer Seite: die Zeit.

Anna aus unserem vorherigen Beispiel investiert über vier Jahrzehnte und wird dabei die Achterbahnfahrt der Börsen sehr gut kennen lernen. Durch diszipliniertes, regelmäßiges Sparen in einen vernünftigen Anlagemix ist sie jedoch in der Lage, selbst schlechte Börsenphasen mit einer Dauer von fünf, zehn oder gar fünfzehn Jahren zu überstehen und gleichzeitig von Phasen steigender Bewertungen voll zu profitieren. Durch diszipliniertes Festhalten an einem Sparplan und der damit verbundenen Langfristigkeit ihres Anlagehorizonts kann sie zudem Verluste erfolgreiche *„aussitzen".*

Risiko oder Zinseszins – Wer gewinnt das Rennen?

Wir wollen dies anhand eines vereinfachenden Beispiels illustrieren, um den Kerngedanken nochmals näher im Detail zu beleuchten.

In diesem Beispiel gehen wir davon aus, dass eine Person über 40 Jahre hinweg jedes Jahr 1.000 Euro in ein Portfolio investiert. Diesen Sparbetrag teilt diese Person in einen *„Sparbetrag 1"* auf, den sie in Aktien investiert und einen *„Sparbetrag 2"*, den sie auf ein Tagesgeldkonto einzahlt.

Die Aktienrendite beträgt in diesem Beispiel durchschnittlich 6,0% pro Jahr, das Tagesgeldkonto erwirtschaftet 1,5% pro Jahr. Steuern und Transaktionskosten fallen zur Vereinfachung nicht an. Der Sparbetrag bleibt konstant: Er werde nicht von Jahr zu Jahr erhöht.

Wir unterscheiden zwischen drei Fällen, in denen der *„Sparbetrag 1"* jeweils 0, 500 oder 1.000 Euro betrage. Es ergibt sich wieder eine Unterscheidung nach Aktienquoten, wie wir es bereits aus dem vorherigen Beispiel kennen (0%, 50%, 100%).

Wir sprechen von einem *„Portfolio",* da das Depot neben der risikolosen Komponente (Tagesgeld) auch Aktienfonds beinhaltet. Die Risikoquote stellt dabei den Anteil risikobehafteter Wertpapiere am Gesamtportfolio dar. Die Annahme ist, dass der Anleger die Aktienquote mittels des sogenannten *„Rebalancing"* regelmäßig wiederherstellt. Bei diesem Verfahren wählt kein festes Verhältnis der Sparraten, sondern wählt der Anleger die Sparraten derart, dass die Werte der einzelnen Instrumente (oder *„Töpfe"* z.B. Aktienfonds und Tagesgeld) zum Ende jedes Jahres einem vorher definierten Prozentsatz entsprechen. Alternativ ist es möglich, ab dem Erreichen bestimmter Abweichung vom Ziel-Wert (beispielsweise Aktienquote 50%) zusätzlich Aktienfonds zu kaufen oder zu verkaufen.

Ausgangsszenario: Alles laufe *„normal"* über 40 Jahre

Die folgende Abbildung zeigt die Entwicklung des Portfolios über den Zeitraum von 40 Jahren.

Abbildung: Entwicklung der Portfolios im Ausgangszenario

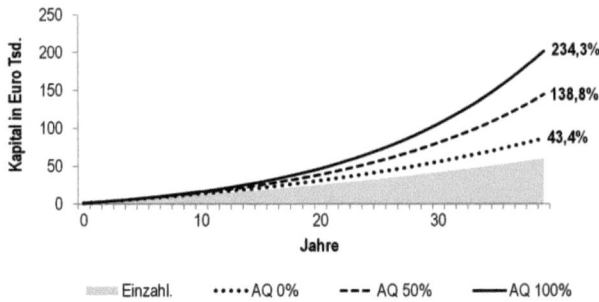

Auf der x-Achse sind die Jahre eingetragen, über die gespart wird. Die Zahlen am rechten Rand entsprechen dem Vorsprung der jeweiligen Anlage mit einer Aktienquote von 0% (*leicht gestrichelte Linie*), 50% (*mittelstark gestrichelte Linie*) und 100% (*fette Linie*) gegenüber der Summe der Einzahlungen (*graue Fläche*).

Der Zinseszinseffekt sorgt bei einem Aktienanteil von 100% (*fette Linie*) dafür, dass der Betrag aufgrund der konstanten Wertentwicklung mehr als doppelt so hoch ist wie der Betrag, den Sie insgesamt eingezahlt haben (*ca. 202 Tsd. Euro vs. ca. Euro 60 Tsd.*)! Der Stand des Portfolios ist um 234% höher als die Summe der eingezahlten Beträge.

Bei einem Aktienanteil von 50% (*mittelstark gestrichelte Linie*) ist selbst der Renditebetrag (*ca. 84 Tsd. Euro*) noch immer deutlich höher als der eingezahlte Betrag. Das Kapital zum Ende der Sparphase ist um ca. 139% höher als die Summe der Einzahlungen.

Selbst ohne den Einsatz von Aktien ergibt sich aufgrund des Zinseszinseffekts der risikolosen Anlage ein Renditebeitrag von 26 Tsd. Euro gegenüber der Summe der Einzahlungen. Das Portfolio ist noch immer 43% mehr wert als die eingezahlten Beträge – selbst durch den Einsatz des relativ zinsschwachen Tagesgeldkontos.

Diese Einsichten sind zunächst sehr interessant, da sie die Macht des Zinseszinseffekts aufzeigen, den Sie für Ihre persönliche Anlagestrategie nutzen können. Zudem verdeutlicht das Beispiel den positiven Einfluss des Einsatzes von Aktien als Anlageinstrument.

Wir wollen nun erforschen, welchen Einfluss die bereits erwähnten, teils sehr deutlichen Kursrückgänge auf unser Portfolio haben können.

Szenario 1: Einsturz in Jahr 5

Im ersten Szenario folgen wir der gleichen Annahmen, wie sie der obigen Abbildung zugrunde lagen. Wir gehen nun jedoch davon aus, dass sich im zehnten Jahr der Sparphase ein unerwarteter, deutlicher Kurssturz an den globalen Börsen in Höhe von 50% ergibt. In Jahr 5 steigt der Wert des Aktienportfolios also nicht im um 6% wie in den vorherigen Jahren, sondern der Wert des gesamten Aktienportfolios reduziert sich um 50%.

Dieser Kursrückgang ist höher als die letzten Kursstürze des deutschen Aktienindex DAX in den Jahren 2002 (ca. 45%) und 2008 (ca. 40%).

Wird ein solcher Kurssturz in Jahr 5 der Sparphase modelliert, ergeben sich folgende Entwicklungen der Musterportfolios:

Abbildung: Szenario 1 – Kurseinsturz im Jahr 5

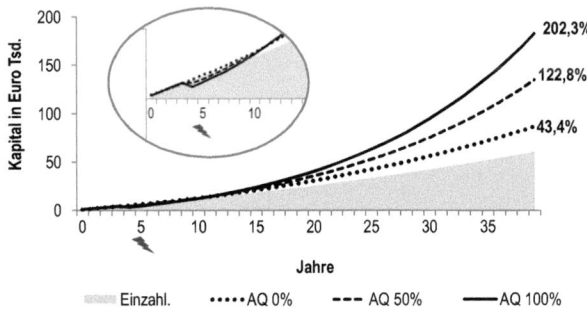

Der kleine Blitz verdeutlicht das Jahr des Kurssturzes.

Es zeigt sich, dass der Kurssturz im fünften Jahr die Gesamtrendite der Portfolios zwar beeinträchtigt, jedoch am Ende trotzdem in beiden Fällen mehr Rendite erwirtschaftet als Geld eingezahlt wurde. Die fette bzw. gestrichelte Linie fällt nur kurzfristig unter die gepunktete und erreicht nach ca. 5 weiteren Jahren wieder das Niveau des Portfolios ohne Aktieneinsatz (vgl. Lupen-Abbildung). Insgesamt ist es auch unter diesem Szenario sehr lohnenswert, in Aktien zu investieren, wie Sie den Prozentsätzen auf der rechten Seite der Abbildung entnehmen können. Die Aktienportfolios übertreffen den Endstand des Portfolios nach 40 Jahren weiterhin deutlich.

Szenario 2: Einstürze in den Jahren 5 und 15

Sie werden nun entgegnen, dass das Auftreten nur eines einzigen Kurssturzes über einem längeren Betrachtungszeitraum sehr unwahrscheinlich sei. Immerhin zeigt die Historie, dass große Kursstürze im Durchschnitt ca. alle zehn Jahre auftreten (können). Was passiert also mit den Modellportfolios, wenn wir einen weiteren Kurssturz in der gleichen Höhe im Jahr 15 annehmen?

Abbildung: Szenario 2 – Kurseinstürze in den Jahren 5 und 15

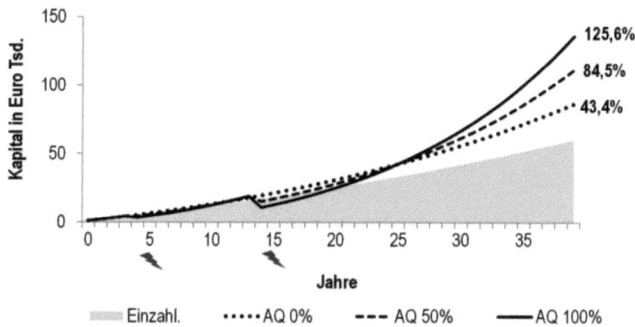

Es bedarf keiner zusätzlichen Erklärung: Auch unter der Annahme eines zweiten Kurssturzes bleibt ausreichend Zeit, die Verluste über die Jahre durch eine überproportionale Rendite deutlich mehr als wett zu machen.

Szenario 3: Einstürze in den Jahren 5, 15 und 25

Abbildung: Szenario 3 – Kurseinstürze in den Jahren 5, 15 und 25

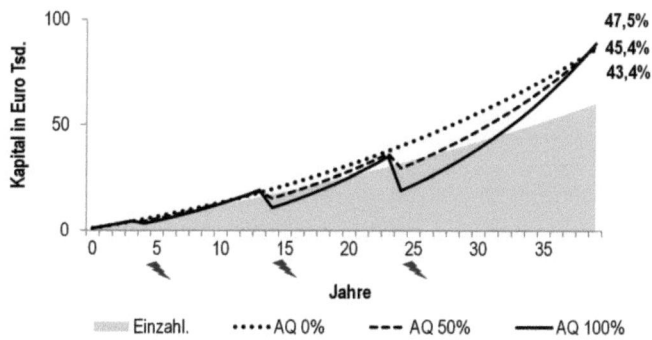

Wie stellt sich die Entwicklung der Modellportfolios dar, wenn sich im Jahr 25 ein dritter Kurssturz ereignen sollte? Die obige Abbildung gibt Auskunft darüber. Selbst unter der Annahme von drei sehr heftigen Kursstürzen in den Jahren 5, 15 und 25 um 50% sowie einer Erholung in Höhe der durchschnittlichen Rendite steht der Anleger in diesem Fall noch genauso gut da wie mit einer Anlage ohne Aktien!

Auch unter diesen Bedingungen führt die Kombination aus einer erhöhten Rendite und dem Zinseszinseffekt dazu, dass ein Anleger mit positiver Aktienquote ein mindestens genauso gutes Ergebnis erzielt wie ein Anleger, der nur in festverzinsliche Papiere investiert.

Szenario 4: Einstürze in den Jahren 5, 15, 25 und 35

Spendieren wir nun unseren Aktienportfolios nun einen weiteren Kurssturz im Jahr 35, also 5 Jahre vor dem Ende der Sparphase.

Abbildung: Szenario 4 – Kurseinstürze in den Jahren 5, 15, 25 und 35

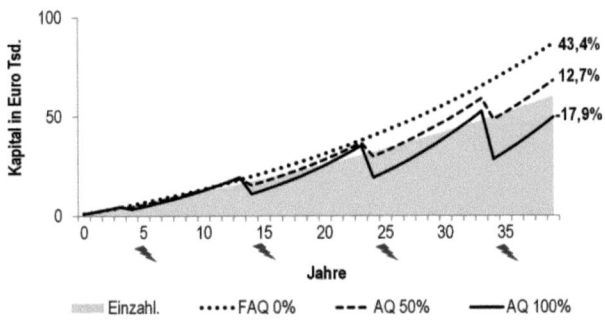

In diesem Szenario fallen die Endwerte der Aktien-Portfolios hinter den Endwert des Zins-Portfolios mit einer Aktienquote von 0%. Es ergeben sich folgende Einsichten:

- Eine Aktienquote von 50% wirkt in diesem Fall wie ein Kapitalschutz. Zu keinem Zeitpunkt wird der insgesamt eingezahlte Betrag deutlich unterschritten, d.h. die gestrichelte Linie unterschreitet die Fläche der Einzahlungen nie in wesentlicher Höhe. Zum Ende der Sparphase mit vier heftigen Kursstürzen bleibt nicht nur das eingezahlte Kapital zurück, sondern auch ein Renditeplus in Höhe von ca. 13% gegenüber den eingezahlten Beträgen.

- Selbst bei einer Aktienquote von 100% fällt der Endbetrag in diesem pessimistischen Szenario ca. 18% gegenüber den Einzahlungen zurück. Es wird oft angeführt, dass sich mit Aktiengeschäften Totalverluste erleiden lassen. Diese Aussage ist richtig, da jede Einzelaktie auf einen Schlag wertlos werden kann. Selbst ein Index kann 50%, 60% oder vielleicht sogar 80% in einem Schlag verlieren; und das auch mehrmals – wie hier simuliert. Das für uns relevante Risiko, dass das persönliche Kapitalziel nicht erreicht wird, ist jedoch selbst bei einer Aktienquote von 100% deutlich geringer.

Szenario 5: Erholungsphasen mit hohen Renditen

In den bisherigen Berechnungen sind wir davon ausgegangen, dass mit Aktienfonds nach einem heftigen Kurssturz lediglich durchschnittliche Renditen erzielt werden können. Dies ist jedoch keine angebrachte Annahme: Die durchschnittliche Kursentwicklung des letzten Beispiels beträgt über 40 Jahre ca. minus 2%. Damit durchschnittlich eine Rendite von 6% erzielt werden kann, müsste die Rendite in den neun Jahren zwischen den Kursstürzen 15% betragen. Auch auf Basis empirischer Befunde ist es nicht haltbar, in Folge eines

Kursturzes von einer durchschnittlichen Rendite auszugehen. Vielmehr stellt sich in Erholungsphasen regelmäßig eine überproportional hohe Aktienrendite ein.

Gehen wir deshalb nun davon aus, dass die Rendite in den Jahren nach dem Kurssturz 15% betrage, damit wir auf eine durchschnittliche Rendite von 6% kommen:

Abbildung: Variation der Annahme - Erholungsphasen

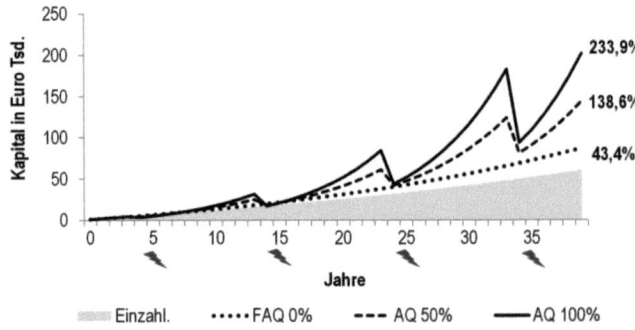

Kommen Ihnen diese Zahlen bekannt vor? Das Ergebnis liegt sehr nahe an den Zahlen, welche Sie bereits aus dem ersten Beispiel kennen *(der Unterschied liegt darin, dass wir keine vier vollen Zyklen modelliert haben, sondern drei volle (5 bis 15), (15 bis 25) sowie (25 bis 35) und zwei halbe (0 bis 5) und (35 bis 40))*

Die Annahmen des Szenarios 4 sind vor diesem Hintergrund als wirklich pessimistisch zu bezeichnen, da der typische *„Aufholeffekt"* nach schwachen Börsenphasen völlig ausgeblendet wird. Es zeigt sich auch, wie wichtig es ist, dabei zu bleiben und diszipliniert zu bleiben. Ein Panikverkauf oder Verkauf zur Deckung anderweitiger Ausgaben zu einem schlechten Zeitpunkt kann zur Folge haben, dass man genau an diesem Erholungseffekt nicht partizipiert – dieses Verhalten sorgt auch dafür, dass die von Privatanlegern erzielten Renditen geringer sind als die langfristig möglichen. Es zeigt sich erneut, wie wichtig konsequentes und langfristig orientiertes Sparen und Investieren ist!

Dieses Beispiel belegt, dass die durchschnittliche Rendite bereits die Kursrückgänge miteinbezieht. Gleichzeitig verdeutlicht es, dass selbst unter der sehr konservativen Annahme einer Kurserholung in Höhe der durchschnittlichen Marktrendite sowohl die Langfristigkeit der Anlage sowie die Regelmäßigkeit der Einzahlung dazu führen, dass der maximale Verlust beim Verfolgen einer langfristigen Sparstrategie als moderat einzuordnen ist.

Trotzdem werden Sie nun berechtigterweise einwenden, dass ein Anleger, der um die Schwankung des Aktienmarkts weiß, gegebenenfalls die Aktienquote zum Ende der Sparphase Schritt für Schritt herunterfahren könnte, um das Kapital zu erhalten und einen starken Kursverlust kurz vor dem Ende der Sparphase zu vermeiden.

Genau eine solche Vorgehensweise stellen wir im folgenden Kapitel vor.

Zusammenfassung des Kapitels 3

1. Bei der Investition in risikobehaftete Wertpapiere sind auf den risikobehafteten Teil des Portfolios jederzeit (temporäre) Kursverluste in Höhe von ca. 50 bis 60% möglich.

2. In der Vergangenheit folgten Perioden heftiger Kursverluste regelmäßig Erholungsphasen, in denen sich die Aktienkurse deutlich erholten.

3. Durch das Aussitzen temporärer Kursverluste ließen sich die langfristig negativen Effekte, welche mit der Investition in Aktien verbunden sind, vermeiden. Historische Begebenheiten sind zwar kein Garant für die Zukunft, jedoch ist weiterhin davon auszugehen, dass es in der Zukunft zu deutlichen/ übertriebenen Bewertungsanpassungen am Kapitalmarkt kommen wird, die dann von bestimmten Akteuren genutzt werden und das Kursniveau damit wieder positiv beeinflussen.

4. Selbst unter sehr schlechten Rahmenbedingungen fahren Anleger mit einer positiven Aktienquote langfristig besser als Anleger ohne Aktienengagement.

5. Historische Begebenheiten an den Finanzmärkten können zukünftige Entwicklungen von Aktienkursen nicht vorhersagen. Daher sollten Sie als kritischer Anleger das Vorsichtsprinzip walten lassen und die Risiken bewusst steuern.

Kapitel 4: Risiken bewusst steuern

Risiken lassen sich steuern

Innerhalb der letzten beiden Kapitel haben wir hergeleitet, wie wichtig es sein kann, neben festverzinslichen Instrumenten wie dem Banksparplan auch in Aktien zu investieren.

Im vorherigen Beispiel (Anlegerin Anna) konnten wir feststellen, dass die Investition in Aktienfonds eine valide Möglichkeit ist, um mit einer vernünftigen Sparquote die Ziele der persönlichen Sparstrategie zu erreichen. Der vollständige Verzicht auf Aktieninvestitionen führt unweigerlich dazu, dass sich das Risiko erhöht, die Sparquote langfristig nicht erreichen zu können oder zum Ende der Sparphase nicht über das notwendige Kapital zu verfügen, um die persönliche Rentenlücke zu schließen.

Im darauffolgenden Kapitel wurde anhand eines vereinfachten Rechenmodells hergeleitet, dass die Kombination der höheren Rendite von Aktienanlagen sowie dem Zinseszinseffekt dazu führt, selbst unter schlechten Rahmenbedingungen mit einer relativ hohen Wahrscheinlichkeit einen besseren Anlageerfolg zu erzielen als mit einem Portfolio, das nur aus festverzinslichen Instrumenten besteht.

In diesem Kapitel werden wir aufzeigen, durch welche Maßnahmen sich diese Wahrscheinlichkeit erhöhen lässt.

Reduktion der Risikoquote mit steigendem Alter

Die erste mögliche Maßnahme besteht darin, die Aktienquote zu Beginn der Sparphase hoch zu halten und dann mit zunehmender Nähe zum Ende der Sparphase hin sukzessiv zu reduzieren. Im vorherigen Beispiel haben wir gezeigt, dass sich nach starken Kursrückgängen überdurchschnittliche Renditen einstellen können, die dazu führen, dass das Niveau vor dem Kursrückgang wieder relativ schnell erreicht werden kann.

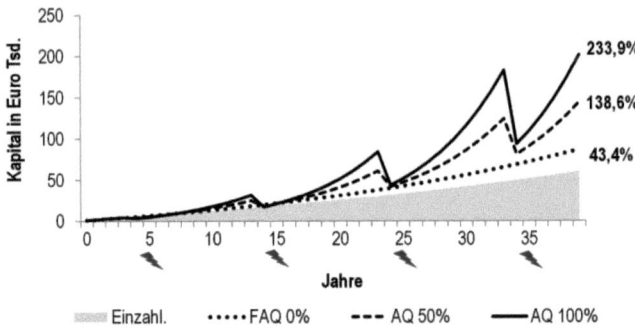

Auch wenn diese Annahme durch die Historie oft bestätigt wurde, ist der Preis zu hoch, wenn sich im Falle Ihrer persönlichen Altersvorsorge beispielsweise sehr kurz vor dem Renteneintritt ein hoher Kursverlust einstellt, dem dann nicht eine ausreichend hohe Erholungsphase folgt. Um in diesem Fall über einen Kapitalbetrag verfügen zu können, der ausreicht, um die Rentenlücke zu decken, müssten Sie beispielsweise Ihren Renteneintritt verschieben. Die einzige Alternative besteht darin, eine Senkung des Lebensstandards hinzunehmen. Oder denken Sie an die Finanzierung der Ausbildung der Kinder – diese lässt sich natürlich auch nicht *„verschieben"*.

Aus diesem Grund ist jedem Anleger zu empfehlen, zwar in der frühen Phase eine ausreichend hohe Aktienquote zu wählen, um die notwendigen Renditen einfahren zu können, jedoch mit zunehmenden Alter diese Anlageerfolge abzusichern, indem die Aktienquote zum Ende der Sparphase sukzessiv reduziert wird.

Kapitel 4: Risiken bewusst steuern

Anhand des folgenden Beispiels können Sie sehen, wie wichtig dies sein kann. Das Beispiel basiert auf dem letzten Szenario des vorherigen Kapitels. Wir nehmen alternativ an, dass sich in den letzten Jahren der Sparphase nicht etwa eine starke Erholung einstellt, sondern eine Nullrendite. Dies würde zu folgender Entwicklung der Modellportfolios führen:

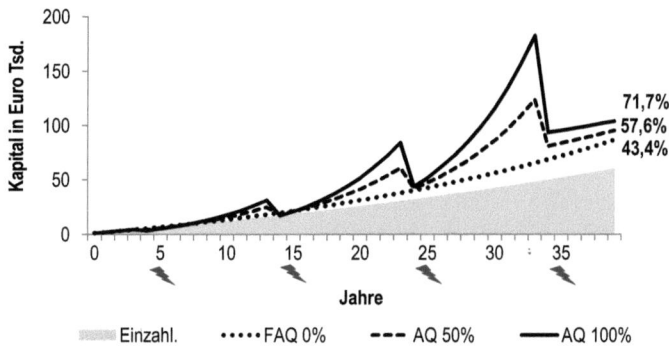

Anstatt des Anstiegs auf über 200 Tsd. Euro erreichen Sie dann selbst mit einer Aktienquote von 100% „*lediglich*" nur noch einen Betrag von etwas mehr als 100 Tsd. Euro. Dieser übertrifft zwar die Summe der Einzahlungen in Höhe von ca. 60 Tsd. Euro deutlich, jedoch wird beispielsweise zur Schließung einer Rentenlücke ein Betrag von mindestens 140 Tsd. Euro benötigt. Die Kombination aus Kurssturz sowie ausstehender Erholung in Form überdurchschnittlicher Renditen führt dazu, dass Sie nun entweder Ihren Renteneintritt verschieben oder sich mit einem geringeren Rentenniveau zufriedengeben müssten.

Stellen wir nun eine Alternative vor. Es handelt sich um ein Portfolio, dessen Aktienquote bis zum 30. Einzahlungsjahr 100% beträgt. Durch Aktienverkäufe ab dem Jahr 31 wird die Aktienquote dann von

Jahr zu Jahr an die Ziel-Quote von 0% geführt, d.h. jedes Jahr sinkt die Ziel-Aktienquote um 10 Prozentpunkte.

Die Ziel-Aktienquote bezieht sich auf die Aufteilung des Portfolios - wie beim Rebalancing wird die Sparquote für den Topf „*Aktien*" so gewählt, so dass am Periodenende wieder die Ziel-Aufteilung erreicht wird. In diesem Fall wird die Aktienquote jedoch mit zunehmender Nähe zum Ende der Sparphase sukzessive reduziert – mit Hilfe des Rebalancing, das Ihnen bereits bekannt ist.

Investieren Sie beispielsweise regelmäßig 50% der Sparrate in Aktien wird sich die Aktienquote des Portfolios aufgrund der höheren Rendite im Vergleich zu dem sicheren Zins mit der Zeit deutlich über das Niveau von 50% entwickeln. Im Rahmen des *Fade-Out* suchen Sie hingegen den Sparbetrag, der Sie zum Ende des Jahres zu dem gewünschten Soll-Anlagemix bringt.

Durch diese Vorgehensweise ergibt sich folgender Verlauf:

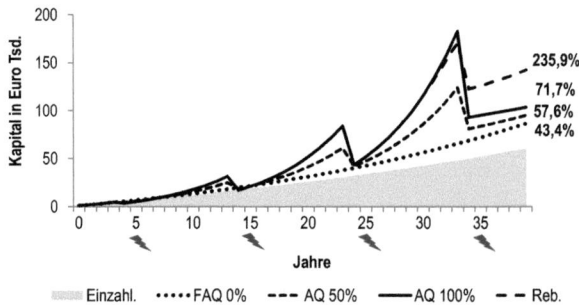

Die zweite, obere gestrichelte Linie gibt die Entwicklung des Werts des „*Fade-Out*"-Portfolios wieder (*Prozentwert rechts: 235,9%*). Wie zu sehen ist, liegt der Endwert dieses Portfolios deutlich über dem Endwert der anderen Portfolios.

43

Indem die Aktienquote ab Jahr 20 sukzessiv reduziert wird, verringert sich zunächst die durchschnittliche Rendite. Dies ist an obiger Abbildung daran zu erkennen, dass die obere, gestrichelte Linie ab Jahr 30 weniger steil verläuft als die fette Linie, welche das Portfolio mit einer Aktienquote von 100% repräsentiert. Bis zum Jahr 30 ist die obere, gestrichelte Linie nicht ablesbar, da der Portfoliowert zu jedem Jahr dem des 100% Aktien-Portfolios entspricht.

Der entscheidende Unterschied ereignet sich nun im Jahr 35. In diesem Jahr beträgt der Anteil des *„Aktientopfs"* im Fade-Out-Portfolio nur noch (100-5*10%)=50%. Dies hat zur Folge, dass sich der Gesamtportfoliowert insgesamt nur um 25% anstatt um 50% reduziert. Zudem führt dies dazu, dass die Rendite in den kommenden fünf Jahren aufgrund des zunehmenden Anteils an festverzinslichen Instrumenten sich sukzessiv an die 2% angleicht. Darauf folgt dann die höhere Steigung gegenüber des 100%-Aktienportfolios, das ab Jahr 35 nicht mehr wächst.

Hätte der Aktienmarkt jedoch keinen Einbruch erlitten, so wäre das „Fade-Out" nachteilig gewesen – der Anleger hätte ggü. einem Portfolio mit 100%iger Aktienquote Geld verloren, dafür aber auch aufs Spiel gesetzt, das langfristige Kapitalziel durch pures *„Pech"* auf den letzten Meter nicht zu erreichen.

Die Philosophie dabei ist Folgende: Es geht nicht darum, am Ende der Spar- und Investitionsphase so viel Geld wie möglich angesammelt zu haben (*„Maximierung"*), sondern im Laufe der Jahre so zu investieren, dass ein ambitioniertes Kapitalziel mit hoher Wahrscheinlichkeit erreicht werden kann (*„Optimierung"*).

Im Ergebnis kann der Anleger, welcher das Fade-Out-Portfolio gepflegt hat, in Jahr 40 auf einen Betrag in Höhe von 140 Tsd. Euro zurückgreifen.

Zusätzlich: *"Schäfchen ins Trockene bringen"*

Eine weitere Möglichkeit der Portfolioabsicherung besteht darin, bei Erreichen des Kapitalziels (hier: 140 Tsd. Euro) sofort alle Aktien zu verkaufen. Dieser radikale Ansatz hätte folgende Portfolioentwicklung zur Folge:

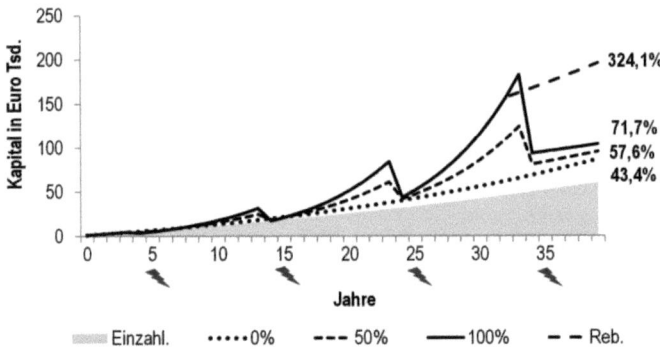

Das Vorgehen: Im Jahr 30 wird das Kapitalziel von 140 Tsd. Euro erreicht – weshalb sich weiter dem Risiko der Investition in Aktien ausliefern? Als Konsequenz werden auf einen Tag 100% der Aktien veräußert und auf ein Tagesgeldkonto angelegt.

Der Anleger hätte damit seine Schäfchen ins Trockene gebracht. Zudem profitiert der so agierende Anleger weiterhin von dem festen Zinssatz, den er auf das gesamte Portfolio erwirtschaftet (selbst, wenn dieser gering ist). Gleichzeitig verzichtet er durch diesen Ansatz jedoch auf zukünftige Gewinne des Aktienmarktes, da er diesem nicht mehr ausgesetzt ist. Das Argument jedoch, dass er sein Kapitalziel bereits erreichen konnte, ist natürlich ein sehr gewichtiges!

Frühzeitiger Ausstieg, wenn Kapitalziel (fast) erreicht

Das Konzept lässt sich noch einen Schritt weiterentwickeln: Sie können für jeden Zeitpunkt ausrechnen, welcher Endwert auf Basis des aktuellen Portfolios erreicht wird, wenn Sie lediglich risikolos investieren. Sie müssen also noch nicht zwangsläufig das Kapitalziel zu 100% erreicht haben, da Sie zwischen dem Verkauf der Aktien und dem Renteneintritt den *„risikolosen"* Zins erwirtschaften – als *„risikolosen"* Zins sollten Sie jedoch eine sehr konservative Annahme treffen, da sich die Höhe des Zinses innerhalb weniger Jahre deutlich verändern kann.

Sollten Ihnen also der günstige Umstand widerfahren, früher als erwartet das Kapitalziel (zu 100% oder fast zu 100%) erreicht zu haben, kann sich der Verkauf sämtlicher risikobehafteter Anlageinstrumente empfehlen – andernfalls ist die stufenweise Herabsetzung der Aktienquote der richtige Weg. Natürlich lassen sich diese beiden Ansätze auch kombinieren – beispielsweise, wenn während des Herabsetzens das Kapitalziel erreicht wird. Anstatt die Aktienquote auf den nächsten geringeren Prozentsatz zu setzen, reduzieren Sie diese auf Null.

Ein weiterer Vorteil des sukzessiven Herabsetzens der Aktienquote besteht darin, dass ein möglicherweise bestehender steuerlicher Freibetrag genutzt werden kann – veräußern Sie die Fondsanteile nur innerhalb eines Jahres, so verzichten Sie auf den möglichen Vorteil eines *„sukzessiven Verkaufs"* von Aktienfondsanteilen. Dieser ergibt sich daraus, dass jährliche Freibeträge genutzt werden können, weil die Fondsanteile nicht „auf einem Schlag" verkauft werden, sondern über mehrere Jahre.

Zusammenfassung des Kapitels 4

1. Die kontrollierte Reduktion der Aktienquote vor dem Ende der Sparphase reduziert das Risiko, das Kapitalziel nicht erreichen zu können.

2. Es empfiehlt sich eine sukzessive Reduktion der Risikoquote mit zunehmenden Alter, um den negativen Einfluss (wenn auch nur temporärer) Kursstürze kurz vor dem Ende der Sparphase einzudämmen.

3. Bei Erreichen des Kapitalziels empfiehlt es sich, entweder das Engagement in risikobehaftete Anlageinstrumente deutlich zu reduzieren oder alle risikobehafteten Instrumente zu veräußern.

4. Bereits vor dem Erreichen des Kapitalziels kann das Aktienengagements gestoppt werden – wenn nämlich ein Betrag erreicht werden konnte, der unter der Annahme eines konservativen risikolosen Zinssatzes ausreicht, um in der verbleibenden Zeit das Kapitalziel zu erreichen.

Kapitel 5: Regelmäßig sparen und anlegen

Zeitliche Diversifikation mit regelmäßiger Einzahlung

In den vorherigen Beispielen sind wir davon ausgegangen, dass der Anleger regelmäßige Einzahlungen in verschiedenen Anlageklassen vornimmt. Der Vorteil dabei liegt darin, dass sich der regelmäßige Sparer bezüglich der Einstiegszeitpunkte diversifiziert. Er bewahrt sich somit vor dem Risiko, aus Zufall den schlechtesmöglichen Zeitpunkt der Investition zu treffen, beispielsweise kurz vor einem der drastischen Kursrückgänge, die Sie aus den vorherigen Beispielen kennen.

Einmalzahlung als Alternative?

Es stellt sich offenbar die Frage, ob es denn nicht ggf. auch möglich wäre, eine einzige, einmalige Transaktion vorzunehmen.

Wenn es dem Sparer gelänge, wirklich einen guten Zeitpunkt für eine Investition zu finden – eine Glückssache – würden er in der Tat einige Summen an Transaktionskosten sparen, da er nur einmal Geld überweisen müsste. Zudem würde er sich die wenigen Stunden Arbeit im Jahr sparen, welche die Umsetzung der vorgestellten Anlagestrategie jährlich in Anspruch nehmen dürfte.

Ein solches Vorgehen hätte jedoch ein paar Haken:

Der Sparer verfügt vielleicht heute noch nicht über den Anlagebetrag, der dafür notwendig ist, um sein Kapitalziel zu erreichen. Von höheren Erbsummen oder Lottogewinnen abgesehen, entspricht es eher der Wirklichkeit, dass von regelmäßigen Zahlungseingängen Geld zurückbehalten und investiert werden kann. In diesem realistischen Fall ist eine Einmalinvestition per se unwahrscheinlich/ unmöglich.

Die regelmäßige Besparung mit einer festen Frequenz und einem definierten Sparbetrag verbleibt dann als empfehlenswerte Option – ganz unabhängig von der theoretisch besten Handlungsweise (einmalig vs. regelmäßig).

Die Alternative, nur dann zu sparen *„wenn etwas übrigbleibt"* klingt zunächst sinnig. Immerhin schwanken die Ausgaben: Im Sommer für den Urlaub, im Winter für die Weihnachtsgeschenke. Es wäre ja wirklich schön, wenn man wirklich immer dann etwas zur Seite legen würde, wenn etwas übrigbliebe. In der Lebenspraxis kann sich das Ganze dann aber doch ganz anders darstellen. Die meisten Personen tendieren schlicht und einfach dazu, ihre Ausgaben nach dem zur Verfügung stehenden Einkommen anzupassen.

Zwischen dem Vorsatz *„wirklich zu sparen"*, wenn etwas übrigbleiben sollte und anschließender Investition klaffen zudem Welten. Selbst wenn ein Sparer wirklich am Monatsende einen Betrag sparen könnte, so kann ihn beispielsweise schon die lästige Überweisung abhalten, d.h. das Einloggen in das Konto, Eingabe der TANs und so weiter. Es sind durchaus Kleinigkeiten, die regelmäßigen Investieren oft den Strich durch die Rechnung machen können.

Ihre eigene, persönliche *„Steuer"*

Stellen Sie sich vor, die Regierung würde ab sofort eine zusätzliche Steuer in Höhe von 10% Ihres Nettoeinkommens einführen. Dieser Betrag würde monatlich vom Gehalt einbehalten. Sie würden nichts davon sehen. Wir empfehlen nun, dass Sie mit Ihrem Sparbetrag für die langfristige Anlagestrategie ähnlich verfahren. Machen Sie sich bewusst, dass das Sparen dieses Betrags ein Muss ist und die Konsequenz des Nicht-Sparens darin besteht, dass Sie beispielsweise Ihren Lebensstandard im Alter deutlich verringern und die Ausbildung Ihrer Kinder aufs Spiel setzen. Indem Sie diesen Prozentsatz automatisch sparen, wird das Nicht-Sparen unpraktisch. Sie müssten sich nämlich in das System einloggen, den Sparbetrag ändern etc. etc.

Ein einfacher Tipp: Bitten Sie Ihren Arbeitgeber darum, Ihr Gehalt auf ein neu einzurichtendes Konto zu überweisen. Oder wenn Sie selbstständig sind – ziehen Sie regelmäßig einen bestimmten Betrag *„hinter die Brandmauer"* auf ein eigens dafür eingerichtetes Konto.

Mit Hilfe eines Dauerauftrages transferieren Sie dann einen Anteil in Höhe von x% Ihres Einkommens auf Ihr Sparkonto, der Betrag 100%-x landet dann automatisch auf Ihrem Girokonto und steht Ihnen zur freien Verfügung. Durch diese Vorgehensweise sehen Sie nicht, dass Geld von Ihrem Konto abgeht. Sie haben sich sozusagen selbst eine persönliche Steuer auferlegt, die ausschließlich dem Erreichen Ihrer langfristigen finanziellen Ziele dient.

Viel Wind um den Durchschnittskosteneffekt

In verschiedensten Artikeln im Internet und Zeitungsbeträgen ist immer wieder die Rede vom sogenannten *„Durchschnittskosteneffekt".* Hierunter versteht man den Effekt, dass man durch die Wahl eines festen Anlagebetrages beispielsweise in Zeiten hoher Kursrückgänge automatisch mehr Fondsanteile erwirbt. Dadurch verringere sich der durchschnittliche Einstiegskurs, was wiederum die Rendite erhöhe.

Dieser Zusammenhang zwischen der regelmäßigen Anlage eines fixen Betrags und einer vermeintlich höheren Rendite lässt sich wissenschaftlich nicht nachweisen, da auch ein geringer durchschnittlicher Einstiegskurs immer untertroffen werden kann (zu Ihrem Vorteil).

Eine wissenschaftliche Studie von Mannheimer Forschern (*vgl. Albrecht, Peter / Dus, Ivica / Maurer, Raimund / Ruckpaul, Ulla (2002): Cost Average Effekt: Fakt oder Mythos? Mannheimer Manuskripte zu Risikotheorie, Portfolio Management und Versicherungswirtschaft, Nr. 140, Universität Mannheim*) weist jedoch darauf hin, dass unter der Annahme zufälliger Börsenkursentwicklungen die Einmalzahlung gegenüber dem Sparplan einen höheren erwarteten Endwert aufweist.

Die Investition in einen Sparplan ist hingegen mit einer geringeren Standardabweichung bezüglich des zu erwartenden Endwerts verbunden. Keiner der beiden Effekte wäre jedoch groß genug, um unter Risiko-Rendite-Gesichtspunkten die Dominanz einer einzelnen Alternative feststellen zu können.

Neuere Beiträge der *„Behavorial Economics"* weisen jedoch darauf hin, dass alleine der Glauben an den Durchschnittskosteneffekt dazu führen kann, dass Anleger selbstbewusster die regelmäßigen Zahlungen durchführen – ein Zögern aus Angst, den falschen Einstiegszeitpunkt zu treffen, unterbleibt. Eine psychologische Verhaltensweise also, die nicht messbar ist, jedoch zum langfristigen Erfolg der Geldanlage beitragen kann.

Vorsicht ist jedoch insbesondere dann angebracht, wenn der Durchschnittskosteneffekt entweder als Verkaufsargument für teure Investmentfonds genutzt wird (nach dem Motto: *„höhere Rendite aufgrund des Durchschnittskosteneffekts kompensiert –geringfügig- höhere Gebühren"*) oder beispielsweise die Wichtigkeit weiterer Grundsätze geschmälert wird (*„geringeres Risiko aufgrund des Durchschnittskosteneffekt macht breite Diversifikation nicht mehr unbedingt notwendig"*).

Als kritischer Anleger sollten Sie vor solchen *„Fallen"* gewappnet sein und sich auf dieser Basis nicht zu möglicherweise falschen Handlungen verleiten lassen. Gleichzeitig kann der Durchschnittskosteneffekt jedoch sowohl eine motivierende als auch eine disziplinierende Wirkung mit sich bringen.

Sie können selbst dann mit der Umsetzung der Investitionsstrategie beginnen, wenn Sie ggf. eine Überbewertung des Marktes vermuten. Sollten die Kurse wirklich sinken, so profitieren Sie durch das weiter durchgeführte regelmäßige Investieren von den attraktiven Einstiegskursen. Natürlich lässt sich dann entgegnen: *„Hätte man doch einfach besser gewartet"*.

Ex-post ist das richtig. Jedoch ist gleichzeitig festzustellen, dass niemand in der Lage ist, zuverlässig den zukünftigen Verlauf von Aktienmärkten zu prognostizieren. Im Rückblick ergibt vieles Sinn und erscheint logisch – als handelnder Praktiker jedoch, und das werden insbesondere die erfahrenen *„Börsenfüchse"* bestätigen – agiert man kontinuierlich, mal mehr und mal weniger, in einem unbestimmten Umfeld.

In der Praxis ergibt sich zudem nur für die wenigsten Anleger der Luxus über eine Einmalinvestition überhaupt nachdenken zu können. Der Großteil der Anleger bezieht regelmäßig ein Einkommen, welches dann zur Investition genutzt werden kann. Eine Einmalzahlung ist dann schon aufgrund der persönlichen finanziellen Verhältnisse auszuschließen.

Zusammenfassung des Kapitels 5

1. Regelmäßiges Sparen eines bestimmten Betrags minimiert das Risiko, zu einem sehr schlechten Zeitpunkt einzusteigen.

2. Die Form des regelmäßigen Sparens ist nicht per se „besser" als die Einmalanlage. Werbung, die darauf richtet, sollte kritisch hinterfragt werden.

3. Für die meisten Anleger ergibt sich nicht die Wahl zwischen Einmalanlage und regelmäßiger Besparung, da sich das Vermögen sukzessiv aufbaut.

4. Regelmäßiges Sparen vermindert den Effekt, nicht zu agieren, weil man Angst hat, den *„falschen"* Zeitpunkt zu wählen.

5. Der regelmäßige Sparbetrag kann aud ein separates Konto überwiesen werden, so dass Sie sich selbst eine *„persönliche Steuer"* auferlegen, die einzig und allein dem Erreichen Ihrer langfristigen Ziele dient.

Kapitel 6: Sparbetrag jährlich erhöhen

Regelmäßige Erhöhung erleichtert Einstieg...

In allen vorherigen Beispielen haben wir (stillschweigend) angenommen, dass die Sparbeträge mit der Inflation steigen werden und dass auch in der Rentenphase jeder Euro jedes Jahr an Kaufkraft verlieren wird.

Abb.: Notwendiger Sparbetrag (dynamisch) in Abhängigkeit von Risikoquote

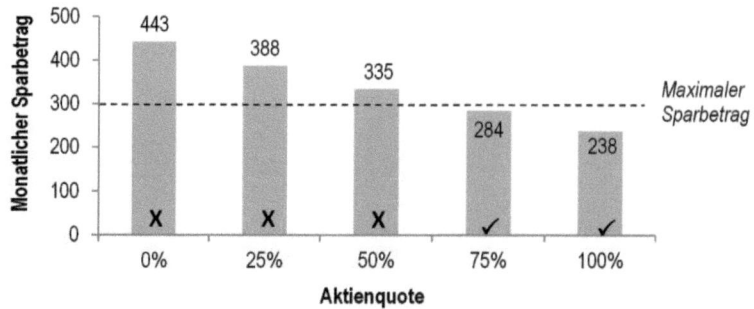

Die monatlichen Sparbeträge, die wir aus dem ersten Beispiel mit der Privatanlegerin Anna kennen, stellen die Sparbeträge im ersten Jahr dar. Bei einer Aktienquote von 75% z.B. wird Anna im ersten Jahr 284 Euro in ihren Sparplan einzahlen.

Im kommenden Jahr wird dieser Betrag dann um die Inflationsrate steigen und Anna wird kaufpreisbereinigt $284 * (1+0,02)^1 = 290$ Euro einzahlen können.

Im letzten Jahr vor Renteneintritt, d.h. im 37. Jahr der Sparphase wird dieser Betrag dann auf $284 * (1+0,02)^{37} = 591$ Euro ansteigen.

Dies klingt zunächst viel, wird jedoch dadurch relativiert, dass Anna auch Jahr für Jahr mehr verdienen wird. Unter der Annahme, dass ihr Lohn/ Gehalt jährlich um die Inflationsrate steigt, bleibt die Sparquote konstant. Im Jahr 37 wird sie nämlich unter dieser Annahme 2.000 * (1+0,02)^37= 4.161 Euro verdienen. Die Sparquote beträgt dann 591/4.161= 14,2%, genau dem gleichen Wert, wie im ersten Jahr: 284/2.000=14,2%.

Der wesentliche Vorteil der Dynamik liegt darin, den Einstieg möglichst leicht zu machen. Würde Anna nämlich den Sparbetrag nicht jährlich erhöhen, so wäre die notwendige Sparquote im ersten Jahr deutlich zu hoch und in den letzten Jahren zu gering. Die folgende Abbildung verdeutlicht, welche konstante Sparquote notwendig ist, um Annas Kapitalziel zu erreichen – die sonstigen Annahmen bleiben unverändert:

Abb.: Notwendiger Sparbetrag (fix) in Abhängigkeit von Risikoquote

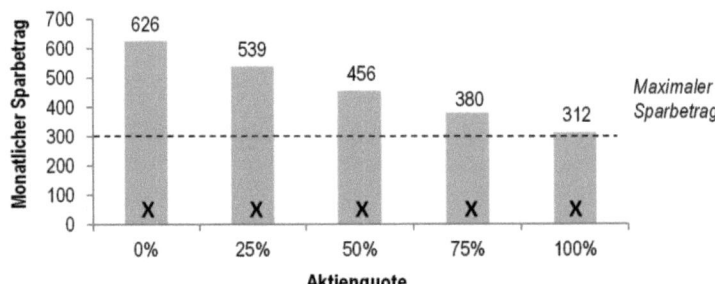

Es zeigt sich, dass Anna bei konstanten Sparbeträgen und unter der Annahme einer Aktienquote von 70% jedes Jahr 380 Euro aufbringen müsste, um das Kapitalziel zu erreichen. Die Sparquote würde folglich 380/2.000=19% betragen und liegt deutlich über der maximalen

Sparquote von 300/2.000=15%, die Anna realistischerweise erreichen kann.

...und sorgt für eine konstante Sparquote...

Zudem spart Anna in der späteren Phase im Vergleich zu ihrem verfügbaren des Sparzeitraums zu wenig. Im letzten Jahr der Sparphase, in dem Anna voraussichtlich 4.161 Euro verdienen wird, würde die Sparquote dann 380/4.161=9,1% betragen – deutlich unter der möglichen Sparquote von 15%, die Anna regelmäßig aufbringen könnte.

Abbildung: Entwicklung der Sparquote in Abhängigkeit von gewählter Sparstrategie (fixe vs. dynamische Einzahlungsbeträge)

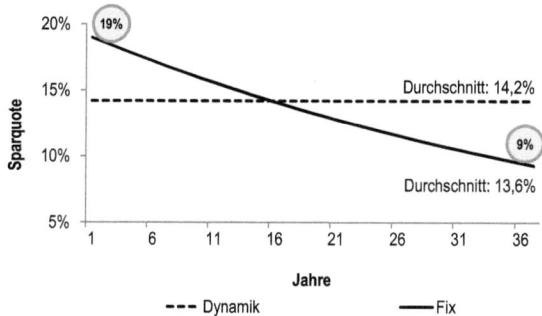

..., erhöht jedoch die Gesamtsparleistung

Gleichzeitig offenbart die Abbildung jedoch spiegelbildlich auch den Vorteil einer fixen Zahlung: Die durchschnittliche Sparquote sinkt. Indem bereits in der frühen Phase der Sparphase hohe Beträge investiert werden, führt der Zinseszinseffekt dazu, dass sich das Sparziel mit einem geringeren durchschnittlichen Betrag erreichen lässt. Dies zeigt sich auch in unserem Zahlenbeispiel: Im Falle einer dynamischen Anpassung mit der anfänglichen Sparrate von 284 Euro zahlt Anna im Durchschnitt 415 Euro, d.h. durchschnittlich pro Monat 415-380=35 Euro mehr.

Für Anna ergibt sich jedoch das Problem, dass sie die 19%-Sparquote nicht aufbringen kann. Zwar könnte sie sich *„schön rechnen"* und die eigene Altersvorsorge mit diesem hohen Betrag beginnen, jedoch ist von einem solchen Vorgehen abzuraten. Die 300 Euro stellen wirklich den maximalen Betrag dar und bilden somit eine starre Grenze für sie.

Anna sollte die 300-Euro-Grenze akzeptieren, jedoch gegebenenfalls in Erwägung ziehen, etwas mehr als den minimalen Betrag von 284 Euro zu investieren. Sie erhöht damit die Wahrscheinlichkeit, entweder ab Renteneintritt über eine höhere Zahlung verfügen zu können als die Rentenlücke und/oder den Renteneintritt vorziehen zu können.

Anna entscheidet sich für eine Zahlung von 300 Euro. Die Möglichkeit, einen höheren Betrag als die Rentenlücke erhalten zu können oder früher in Rente gehen zu können, erachtet Sie als attraktiv und ist deshalb dazu bereit, monatlich 16 Euro mehr als den minimal notwendigen Sparbetrag einzubringen.

Zusammenfassung des Kapitels 6

1. Durch die jährliche Erhöhung der Sparbeträge um die Inflation bzw. die Gehaltssteigerung wird die Sparquote, d.h. der Anteil des Sparbetrags am Einkommen konstant gehalten.

2. Eine regelmäßige Erhöhung des Sparbetrags macht den Einstieg in ihre persönliche, Anlage einfacher als die sofortige Besparung mit einem fixen Betrag.

3. Der Nachteil, der mit einer regelmäßigen Erhöhung der Sparrate verbunden ist, liegt darin, dass die insgesamt aufzubringenden Sparbeträge steigen – dies ist auf den Zinseszinseffekt zurückzuführen: in frühen Jahren „arbeitet" dann weniger Kapital für den Sparer.

4. Sollten Sie glücklicherweise eine Gehaltserhöhung über der Inflationsrate erhalten haben oder beispielsweise einen besser bezahlten Job annehmen, so empfiehlt sich eine weitere Erhöhung des Sparbetrags über der jährlichen Preissteigerung.

Kapitel 7: Früh beginnen

Der frühe Sparer...zahlt weniger

Man liest es oft: *„Fangen Sie früh an, fürs Alter zu sparen!"... „die Ausbildung der Kinder beginnt heute".* Warum ist es eigentlich so wichtig, früh die langfristigen finanziellen Ziele anzugehen und beispielsweise in relativ jungen Jahren mit der Altersvorsorge zu beginnen? Anna, die heute 30 Jahre alt ist, kann mit den 300 Euro, die sie monatlich maximal für die Altersvorsorge aufbringen kann, eine solide Vorsorgestrategie umsetzen.

Wie hätte es jedoch ausgesehen, wenn sie fünf oder gar 10 Jahre früher mit der Umsetzung einer langfristig orientierten Anlagestrategie begonnen hätte? Die folgende Abbildung gibt eine Antwort darauf.

Abbildung: Notwendiger, monatlicher Sparbetrag in Abhängigkeit von Startalter - Aktienquote von 75%

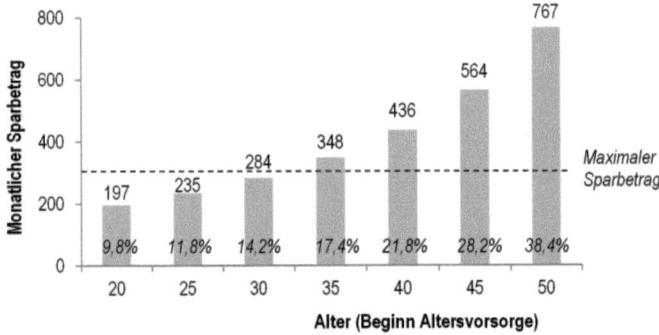

Neben den minimal notwendigen monatlichen Sparbeträgen weist die Abbildung auch die entsprechenden, impliziten Sparquoten aus. Die gezeigten 284 Euro für das Alter von 30 Jahren kennen Sie bereits.

Das Verhältnis ist nicht linear. Der Abstand zwischen den notwendigen Sparbeträgen steigt überproportional mit jedem weiteren Lebensjahr. Dies ist insbesondere der Tatsache geschuldet, dass sich die Sparphase verringert und dadurch in kürzerer Zeit nicht nur die gleiche Höhe von Einzahlungen zu leisten ist, sondern sich auch ein höherer Gesamtbetrag der Einzahlungen ergibt. Dies liegt in der kürzeren Phase begründet, innerhalb derer das Kapital der Verzinsung/Zinsverzinsung ausgesetzt ist. Man könnte auch sagen, dass das angelegte Kapital weniger Zeit hat, zu *„arbeiten"*.

Aufschieben erschwert oder verhindert Erreichen des Entnahmeziels

Wenn Anna bereits bei ihrem Berufseinstieg mit dem Sparen begonnen hätte, so hätte Sie über alle Jahrzehnte hinweg lediglich eine Sparquote von ca. 10% aufbringen müssen. Ihre *„Schmerzgrenze"* von 17% des Einkommens erreicht Anna mit dem Beginn der Altersvorsorge im Alter von 30 Jahren zwar sehr knapp noch nicht, jedoch erscheint es sehr fraglich, ob es ihr gelingen kann, regelmäßig 17% Ihres Einkommens zu sparen – die Sparquote, die mindestens notwendig wäre, wenn Sie das Thema *„Altersvorsorge"* noch weitere fünf Jahre vor sich herschieben würde.

Mit einer Aktienquote von 75% (wie in diesem Beispiel angenommen wird) verbleibt zudem wenig Spielraum, das spätere Startalter mit einer höheren Aktienquote auszugleichen. Dies gilt insbesondere deshalb, weil sich mit kürzerer Spardauer die Streubreite des Endkapitals erhöhen wird.

Zusätzlich berücksichtigt diese Rechnung noch nicht das sukzessive Absenken der Aktienquote ca. 10 Jahre vor dem Renteneintritt. Dieses sehr zu empfehlende Vorgehen würde insbesondere die Renditen in der zweiten Sparphase verringern und dazu führen, dass die notwendigen Sparquoten dann steigen, wenn man erst später mit der Altersvorsorge beginnen würde.

Für Anna bedeutet dies, dass es allerhöchste Zeit wird, mit der Vorsorge zu beginnen. Da sich die Zeit bekanntlich nicht zurückdrehen lässt, kann sie leider keinen früheren Beginn der Altersvorsorge wählen. Was sie jedoch tun kann, ist heute mit dem Sparen und regelmäßigen Investieren zu beginnen.

Die einfachen Argumente dieses Kapitel sollen auch Sie motivieren, den Beginn des langfristigen Investierens für wichtige Ziele wie die Deckung der Altersvorsorge nicht auf die lange Bank zu schieben. Aufgrund der Eigenschaften der Kapitalmärkte werden insbesondere die Personen belohnt, die das Geld möglichst lange für sich arbeiten lassen.

Zusammenfassung des Kapitels 7

1. Es ist zu empfehlen, möglichst früh mit dem Verfolgen langfristig orientierter Anlagen zu beginnen.

2. Zum einen verteilt sich bei einem frühen Start der insgesamt aufzubringende Betrag auf mehrere Jahre.

3. Zum anderen verringert sich der aufzubringende Betrag, wenn ein Anleger früh mit dem regelmäßigen Sparen und Investieren beginnt – der Macht des Zinseszinses sei Dank: Das gesparte Kapital hat dann mehr Zeit zu „arbeiten".

4. Anleger, die beispielsweise das Thema Altersvorsorge auf die lange Bank schieben, riskieren, die Rentenlücke mit der Übernahme eines vertretbaren Maßes an Risiko nicht mehr schließen zu können.

Kapitel 8: Dreifach diversifizieren

Warren Buffet – Genie, Glückspilz oder statistischer Ausreißer?

Warum sollte man nun die anzulegenden Beträge in verschiedene Töpfe aufteilen und nicht alles auf eine Karte setzen? Es lassen sich schließlich valide Beispiele anführen, in denen es einzelnen Personen gelungen ist, durch eine kluge Auswahl von Aktien beispielsweise über Jahrzehnte hinweg deutlich höhere Renditen zu erzielen als die des Gesamtmarkts.

Das bekannteste Beispiel ist natürlich der bereits erwähnte Warren Buffet. Das *„Orakel von Omaha"*, dem es nicht nur über einen Zeitraum von Jahrzehnten nachweislich gelungen ist, eine Überrendite zu erzielen, sondern auch seine Erfolge sowie Misserfolge sehr gut nachvollziehbar reflektiert und mit seinen interessierten Aktionären teilt.

Für die ärgsten Verfechter effizienter Märkte ist Warren Buffett nur ein statistischer Ausreißer – ein Glückspilz. Für seine Bewunderer ist er ein Genie. Die Wahrheit wird dazwischenliegen. Welches der beiden Lager nun Recht hat, ist für unsere Zwecke auch zweitranging: Wenn Warren Buffett weitere 40 Jahre leben würde – weshalb sollte er weiterhin in der Lage sein, durch die kluge Auswahl von Einzelaktien bessere Ergebnisse zu erzielen als der Gesamtmarkt?

Es wird schon allein aus der Logik der Mathematik heraus in der Zukunft einen Anteil von Fondsmanagern geben, denen es gelingen wird, eine deutlich höhere Rendite zu erzielen als die des gesamten Aktienmarkts.

Stellen Sie sich selbst folgende Frage: *„Wie hoch erachte ich die Wahrscheinlichkeit, dass ich ganz persönlich heute einen dieser wenigen zukünftigen Genies, Glückspilze oder auch statistische Ausreißer identifizieren kann?"*

Zielerreichung vor Renditemaximierung

Aus statistischer Sicht könnte argumentiert werden, dass die Aussicht auf die sehr hohe Überrendite das Risiko mehr als wert ist, diese Wette einzugehen. Die erwartete Rendite einer Investition, die zu 20% Wahrscheinlichkeit eine Rendite von insgesamt 40% erwirtschaftet und zu 80% nur 2% hat mit (20% * 40%) + (80% * 2%) = 9,6% einen höheren Erwartungswert als eine Investition, die zu 80% eine Rendite von 6% und zu 20% nur eine Rendite von 4%, d.h. im Erwartungswert zu (80% * 6%)+(20% * 4%)= 5,6% erwirtschaftet.

Die langfristige Anlagestrategie zielt darauf, wie wir in Kapitel 1 beschrieben haben, ein konkretes Kapitalziel zu erreichen. Hierzu werden verschiedene Strategieelemente verknüpft, die wir vorstellen. Im Ergebnis sollte eine ordentliche Rendite erzielt werden, die dem eigentlichen Ziel dient. Das reine Verfolgen des Ziels einer Renditemaximierung ist in diesem Zusammenhang schon fast als *„unverantwortlich"* zu bezeichnen.

Führen wir uns nun nochmals das in Kapitel 1 definierte Ziel vor Augen: *„Es geht uns darum, das notwendige Kapitalziel zum Ende der Sparphase durch eine angebrachte Investionsstrategie zu erreichen und die Wahrscheinlichkeit zu minimieren, dass die Investitionsstrategie nicht die notwendige Rendite erwirtschaftet."* Gehen wir davon aus, dass Sie eine Strategie verfolgen, die eine Rendite von mindestens 4% erfordert, um das Kapitalziel zu erreichen.

Welche der beiden Option würden Sie persönlich präferieren?

1. Option 1 mit einer höheren erwarteten Rendite von über 9% oder;

2. Option 2 ohne relevantes Risiko, jedoch einer Rendite nach Kosten und Steuern von mindestens 4%?

Weil Sie sich Ihrer Ziele bewusst sind, werden Sie Option 2 präferieren, mit der Sie mit einer hundertprozentigen Wahrscheinlichkeit Ihr Kapitalziel erreichen anstatt der Option 1, bei der Ihnen zwar eine sehr hohe Rendite winkt, jedoch die Wahrscheinlichkeit steigt, am Ende Rentenlücke der Sparphase *„dumm dazustehen"*. Dies wird noch deutlicher, wenn man sich die Implikation von *„dumm dastehen"* vor Augen führt: Das konkrete Lebensziel – wie dem vorzeitigen Ruhestand, eine auskömmliche Rente oder die Ausbildung der Kinder kann nicht oder nur eingeschränkt erreicht werden.

Auch wenn dieses Beispiel vereinfacht ist, verdeutlicht es nochmals: Wir würden eine geringere risikoadjustierte Rendite akzeptieren, um unser spezifisches Anlageziel zu erreichen.

Um es plakativ auszudrücken: Sie verringern zwar die Chance darauf, nach dem Ende der Sparphase – beispielsweise zum Renteneintritt – zehntausende Euros *„über"* zu haben, mit denen Sie sich ggf. noch etwas Zusätzliches/ *„Schönes"* leisten könnten, erhöhen jedoch sehr deutlich die Wahrscheinlichkeit, ab dem Ende der Sparphase also beispielsweise ab Renteneintritt das heutige Lebensniveau zu erreichen oder die Ausbildung der Kinder wie geplant vollumfänglich finanzieren zu können.

Die Methode, mit der wir zu Option 2 ähnliche Anlageergebnisse erzielen können, heißt Diversifikation. Oft wird in Artikeln das Thema mit *„viele Eier in verschiedene Körbe aufteilen"* tangiert – diese Beschreibung ist natürlich richtig und wichtig, jedoch ist das Thema wie Sie wissen oder ahnen vielschichtiger.

Formen der Diversifikation

Wir wollen zwischen folgenden drei Diversifikationsformen unterscheiden und diese im Folgenden näher beleuchten:

1. Zeitliche Diversifikation
2. Diversifikation innerhalb von Anlageklassen
3. Diversifikation über Anlageklassen hinweg

Durch Berücksichtigung dieser drei Formen der Diversifikation wird es uns gelingen, eine ordentliche Rendite zu erzielen, die ggf. eher im Bereich von 4% bis 6% liegen wird und nicht in den Bereichen von 20% liegen muss, die jedoch ausreicht, um unser Kapitalziel zu erreichen.

Zeitliche Diversifikation

Die zeitliche Diversifikation ist Ihnen bereits aus den vorherigen Beispielen bekannt. Durch langfristige, regelmäßige Investitionen verringern wir das Risiko, a.) zu lange auf *„den"* richtigen Einstiegszeitpunkt zu warten und ihn dann doch nicht zu erreichen (psychologisches Element) und b.) einen Anlagezeitraum zu erwischen, der besonders schlechte Anlageergebnisse erzielt.

Im vorherigen Beispiel sind wir von einer durchschnittlichen Marktrendite von 6% ausgegangen, die benötigt wird, um die Anlageziele zu erreichen. Diese Rendite setzt sich i.) aus der aggregierten Kursentwicklung der einzelnen Unternehmen im Index sowie ii.) der durchschnittlichen Dividendenrendite der Unternehmen zusammen.

Unter der konservativen Annahme einer Dividendenrendite von 2% ist nun folglich eine durchschnittliche, jährliche Kursentwicklung von 4% erforderlich, um die Zielrendite von 6% zu erwirtschaften.

Folgendes Beispiel illustriert den Effekt der zeitlichen Diversifikation relativ deutlich. Die Abbildung zeigt die minimalen, maximalen und durchschnittlichen Kursentwicklungen des MSCI World Index (deckt einen Großteil des gesamten globalen Anlageuniversums ab) über Zeiträume von 5, 10 und 20 Jahre sowie die Standardabweichung (Kennzahl der Schwankungsintensität) der Renditen.

Hierzu wurde die Rendite aller 5-, 10-, und 20-Jahreszeitfenster seit dem Jahr 1988 ausgewertet. Zur Vereinfachung wurden lediglich die Jahresendwerte hinzugezogen (*Durchschnittliche jährliche Kursentwicklungen in Abhängigkeit von Anlagedauer in Jahren*):

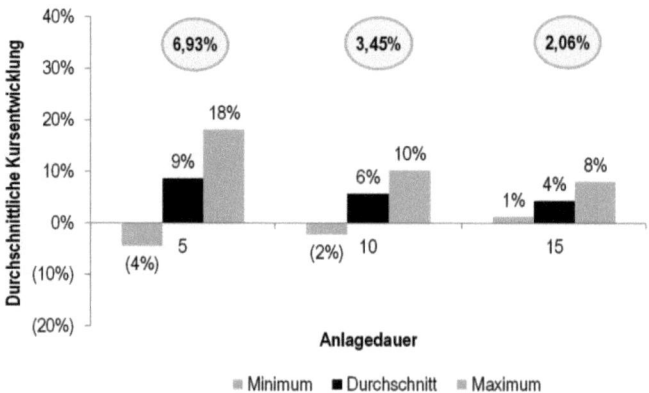

Kapitel 8: Dreifach diversifizieren

Die Kreise bilden dabei die Standardabweichungen der Renditen über den jeweiligen Zeitraum ab.

Es wird deutlich, dass die erfolgreichste Anlage über einen 5-Jahreszeitraum eine sehr hohe Rendite von 18% erwirtschaftete. Es handelt sich um eine Investition vom 31.12.1994 bis zum 31.12.1999. Die schlechteste Investition wäre die Investition vom 31.12.2006 bis zum 31.12.2011 gewesen und hätte einen Kursverlust von minus 4% mit sich gebracht. Mit 9% ist die durchschnittliche Rendite ziemlich hoch.

Beim Vergleich der Balkendiagramme fällt auf, dass sich die durchschnittliche Rendite über die Zeiträume von 10 bzw. 15 Jahren gegenüber der Investition über 5% verringert, jedoch gleichzeitig auch die Wahrscheinlichkeit von *„Extremfällen"* in Form besonders hoher oder niedriger Wachstumszahlen sinkt. Hätten Sie kurz vor dem Platzen der Internetblase zum Jahresende 1999 eingekauft, dann die Aktien über 15 Jahre bis zum Jahresende 2014 gehalten, so wäre der Kurs um 20,3% gestiegen – oder -annualisiert- hätte dieses um durchschnittlich 1% pro Jahr zugenommen. Eine schlechtere Entwicklung lässt sich für die Zeiträume seit 1988 nicht finden. Im Umkehrschluss bedeutet dies jedoch auch, dass Sie unter der obigen Annahme der durchschnittlichen Dividendenrendite von ca. 2% im schlechtesten Fall 3%, im durchschnittlichen Fall 6% und im besten Fall 10% pro Jahr erzielt hätten.

Das Beispiel zeigt, dass sich durch zeitliche Diversifikation das Risiko zwar nicht eliminieren, jedoch erheblich verringern lässt, eine zu niedrige Rendite zu erzielen und damit am Ende das Kapitalziels nicht zu erreichen.

Die gezeigten Kursentwicklungen von 6% sind schon das Ergebnis der zweiten Diversifikation, nämlich der Diversifikation innerhalb der Anlageklasse – hier: der Investition in Aktien.

Diversifikation innerhalb Anlageklassen – Einzelwerte

Studien bestätigen, dass die Schwankungsbreite der Renditen eines Portfolios mit zunehmender Anzahl der beinhalteten Werte abnimmt. Diese Feststellung lässt sich gut nachvollziehen, wenn man sich vor Augen führt, dass jedes Unternehmen unterschiedliche Kundengruppen, bediente Märkte, Zulieferer und beispielsweise Mitarbeiter hat. Je nach der spezifischen Kombination aus bedienten Märkten, Industrien und Geschäftsmodellen ist jedes einzelne Unternehmen unterschiedlich stark von gesamtwirtschaftlichen Bedingungen und Entwicklungen einzelner Regionen/ Industrien/ Sektoren abhängig.

Der Hersteller preisgünstiger Babywindeln wird so vermutlich weniger von einem Rückgang der gesamtwirtschaftlichen Aktivität betroffen sein als ein Hersteller hochwertiger Sportwagen. Ein deutscher Anbieter von Sportbekleidung, der zu 40% in die USA exportiert, wird stärker von einem Rückgang privater US-Konsumausgaben betroffen sein als der italienische Abfüller von Softgetränken. Es ließen sich vielfältige, weitere Beispiele aufführen, wie die Gewinne einzelner Unternehmen in unterschiedlicher Stärke von der jeweiligen Position im gesamtwirtschaftlichen Zyklus, bestimmten Megatrends oder zufälliger Ereignisse abhängen bzw. beeinflusst werden.

Indem ein Anleger eine ausreichend hohe Anzahl von Aktien unterschiedlicher Unternehmen in seinem Portfolio zusammenstellt, verringert er den Einfluss einzelner wirtschaftlicher Veränderungen sowie bestimmter, nicht-voraussehbarer Ereignisse auf sein Portfolio. Ein solches Ereignis kann beispielsweise auch darin begründet sein, dass das Management eines Unternehmens gravierende Fehlentscheidungen trifft oder sich die Bedingungen in einer Industrie zunehmend zum Nachteil des Unternehmens verschlechtern. Es ist nicht unüblich, dass ew jedes Jahr das ein oder andere bekannte Unternehmen gibt, das Kurseinbrüche von mehr als 50% erleidet und sich nicht mehr entsprechend erholt (im Gegensatz zum Gesamtindex) – beispielsweise, weil die relative Wettbewerbsstärke nachhaltig geschwächt ist. Je mehr Einzelaktien Sie halten, desto geringer die Wahrscheinlichkeit, dass auch diese unternehmensspezifischen Risiken Ihr Portfolio beeinflussen – weder zum Guten, noch zum Schlechten.

Dieser Zusammenhang (Entwicklung der Standardabweichung abhängig von Anzahl der Einzelaktien) lässt sich anhand folgender Tabelle (*Quelle: Elton/ Gruber: Modern Portfolio Theory and Investment Analysis*) illustrieren:

Anzahl Aktien in Portfolio	Erw. Standardabweichung des Portfolios (annualisiert)
1	49,24
2	37,36
4	29,69
6	26,64
8	24,98
10	23,93
20	21,68
50	20,20
200	19,34
500	19,25
1.000	19,16

Die Standardabweichung kann hier als Risikomaß interpretiert werden. Es ist ersichtlich, dass sich die Standardabweichung bereits mit ca. 20 Aktien um ca. 29 Prozentpunkte verringern lässt, während die Hinzunahme weiterer 980 zusätzlicher Einzelwerte nur eine Verringerung der Standardabweichung um weniger als einen Prozentpunkt zur Folge hätte.

Dieses Phänomen wurde u.a. auch durch verschiedene Studien bekräftigt, in denen die Autoren jeweils aus einem großen Aktienuniversum zufällig Portfolios mit beispielsweise 5, 20 und 100 Aktien bildeten. Die Feststellung: Mit zunehmender Aktienanzahl verringert sich die Standardabweichung des jeweiligen Portfolios unabhängig von der genauen Auswahl.

Diese Beobachtungen weisen darauf hin, dass es ausreicht, schon ca. 20 bis 40 Einzelaktien eines Marktes zu halten, um eine hohe Diversifikation zu erreichen. Die Hinzunahme jeder weiteren Aktie hat dann zwar einen weiteren risikominimierenden Effekt, jedoch ist dieser extrem gering und als vernachlässigbar zu erachten.

Diversifikation innerhalb Anlageklassen – Regionen

Wenn Sie nun beispielsweise 30 deutsche Aktien halten, indem Sie den deutschen Aktienindex Dax kaufen, so lässt sich eine weitere Diversifikation erzielen, wenn Sie beispielsweise zusätzlich in amerikanische und chinesische Aktien investieren. Auch hier ist ab einer bestimmten Anzahl an Regionen der zusätzliche risikomindernde Effekt pro zusätzlicher Region begrenzt

Wissenschaftler haben auch für dieses Phänomen ein Konstrukt entwickelt: Nachdem Sie vollständig diversifiziert sind, d.h. Ihre Anlage auf alle möglichen Einzelaktien verteilt haben, so verbleibt für Sie nur noch das *„systematische Risiko"* bestehen. Natürlich ist dies ein theoretisches Konzept – es ist nicht möglich, ein solches Portfolio zu halten. Sie müssten jede Millisekunde von jedem börsennotierten Unternehmen so viele Aktien halten, so dass der Aktienanteil in Ihrem Portfolio genau dem Anteil entspräche, den die Marktkapitalisierung des Unternehmens an der gesamten globalen Marktkapitalisierung aller börsennotierten Unternehmen zu diesem Zeitpunkt hätte. In der Praxis: Ein *„Ding der Unmöglichkeit"*.

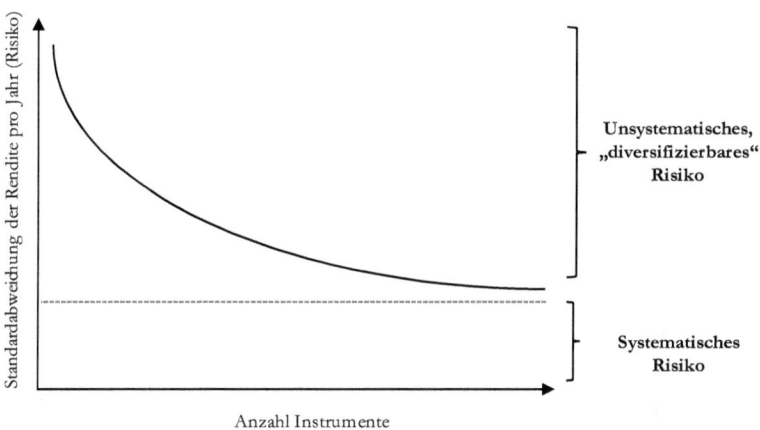

Dieses einfache Modell verdeutlicht jedoch, dass Sie mit zunehmender Aktienanzahl das individuelle Risiko minimieren können, umgangssprachlich *„wegdiversifizieren"*, bis letztlich nur noch ein nicht weiter *„diversifizierbares"*, systematisches Risiko verbleibt.

So sehr diese Effekte für die Zwecke einer langfristig orientierten Geldanlage sinnvoll sind, so schwierig gestaltete sich in der Vergangenheit auch die konkrete Umsetzung. Das Problem: Regelmäßig pro Region in ein Portfolio von 10 bis 20 oder gar mehr Aktien zu investieren und kontinuierlich eine Balance zwischen den Werten zu gewährleisten, war für den Privatanleger aufgrund der damit verbundenen Transaktionskosten entweder nicht darstellbar oder finanziell unattraktiv. Alternative Fonds waren meist aufgrund der Managementgebühren relativ teuer. Erst durch die zunehmende Verbreitung der ETFs/ Indexfonds hat nun jeder Privatanleger die Möglichkeit, kostengünstig in ein diversifiziertes Portfolio zu investieren.

Ziehen wir ein Zwischenfazit: Durch langfristige regelmäßige Investition in mehrere, marktbreite Indizes, verringern Sie die Wahrscheinlichkeit *„extreme"* Renditen zu erzielen. Indem Sie auf die Chance verzichten, mit einer relativ geringen Wahrscheinlichkeit sehr viel Geld zu verdienen *„erkaufen"* Sie sich eine Anlagestruktur, mit der Sie mit relativ hoher Wahrscheinlichkeit, die Rendite erzielen, die für Sie relevant ist – konkret: die Rendite, mit der Sie Ihr Kapitalziel erreichen, noch konkreter: eine langfristige Rendite inkl. Dividendenzahlungen von bspw. ca. 5 bis 8% im Jahr.

Es erscheint angebracht, eine Rendite anzustreben, die man für das konkrete Anlageziel benötigt, als eine Rendite erzielen zu wollen, die man dann im Glücksfall gerne akzeptiert aber eigentlich nicht benötigt. Diversifikation über verschiedene Einzelwerte hinweg ist nicht per se *„besser"* oder *„schlechter"*. Beispielsweise kann es sehr viel Sinn machen, Geld, welches weder für Konsum, noch für die persönliche *„Notfallkasse"* noch für das Erreichen langfristiger Anlageziele benötigt wird, *„Spielgeld"* also, in eine Handvoll von Einzelaktien anzulegen – vielleicht auch gehebelt und unter Berücksichtigung von Trading-Strategien wie der Trendumkehr oder Trendfolge. Sie sollten sich dabei jedoch auch immer vor Augen führen, dass es sich hierbei um eine Wette handeln wird, bei der Sie die Aussicht auf (hohen) Gewinn gegen Risiko tauschen. Risiko lässt sich steuern, zu einem gewissen Teil auch reduzieren, jedoch nicht einfach *„wegstrukturieren"*, wie oft von Anbietern von Anlageprodukten suggeriert,

Diversifikation über Anlageklassen hinweg

Kommen wir nun zur dritten Methode der Diversifikation, nämlich der Diversifikation über Anlageklassen hinweg.

Als aufmerksamer Leser werden Sie nun vielleicht den Gedanken anbringen, dass die Schwankungsbreite der Anlage über einen gewissen Zeitraum gar nicht so relevant sei. Man könne denken, dass beispielsweise alleine schon die Langfristigkeit der Anlage zu einer ausreichenden Verringerung der Schwankungsbreite der Renditen führt.

Vielmehr erscheint das Risiko relevant, dass Sie als Privatanleger einen starken Kursverlust erleiden. Man denke nur an die Kursabstürze der Jahre 2000 und 2008 mit einem Rückgang des allgemeinen Bewertungsniveaus in Höhe um rund 50%! Wenn Sie kurz vor dem Ende der Sparphase, d.h. vor Renteneintritt oder dem Beginn der Ausbildung der Kinder gestanden hätten, so wäre der wohlgepriesene Effekt der Diversifikation durch das Halten von Indexfonds genauso wenig wert gewesen wie der Wert Ihres Aktienportfolios zu dem Zeitpunkt. Nicht nur durch eine Diversifikation der deutschen Aktientitel, sondern selbst durch eine Diversifikation über nationale Grenzen hinweg, hätten Sie erhebliche Verluste hinnehmen müssen.

Diese Beobachtung spiegelt die zunehmende Vernetzung der internationalen Volkswirtschaften inklusive der Finanzmärkte wider. Durch die steigende Korrelation der Kursentwicklungen einzelner Märkte ist eine Diversifikation über Ländergrenzen hinweg nicht mehr so effektiv möglich wie in früheren Jahren.

Selbst, wenn Sie innerhalb einer Anlageklasse, hier: Aktien, sehr gut diversifiziert sind, schützt Sie dies leider nicht vor teils deutlichen Kursrückgängen, die zwar in der bisherigen Historie zumindest über Jahrzehnte hinweg mehr als wettgemacht werden konnten, jedoch trotzdem die Erreichung des Kapitalziels empfindlich gefährden können.

Deshalb ist die Diversifikation über Anlageklassen hinweg wichtig. Sie kennen dieses Konzept bereits aus dem Beispiel des ersten Kapitels, in dem wir gezeigt haben, wie sich das relevante Risiko verringern lässt, wenn ein Anleger beispielsweise vor dem Rentenbeginn von der Anlageklasse *„Aktien"* in die Anlageklasse *„Kasse"* umschichtet. Das Ziel besteht darin, sukzessiv Risiko aus dem Gesamtportfolio zu nehmen, um die Gefahr eines starken Rückgangs des Portfoliowerts kurz vor dem Ende der Sparphase zu verhindern.

Neben der Investition in die *„Kasse"*, d.h. der Überweisung von Geld auf das Tagesgeldkonto lassen sich weitere Anlagen finden, deren Risiko quasi auf Null begrenzt ist. Eine solche Möglichkeit stellen beispielsweise Staatsanleihen solventer Staaten dar. Das Risiko eines Staatsbankrotts ist zwar gegeben, jedoch ist es sehr unwahrscheinlich, dass mehrere, etablierte westeuropäische Länder gleichzeitig dieses unschöne Ereignis erleiden. Dieses Vertrauen drückt sich beispielsweise darin aus, dass Anleger dafür bereit waren, effektiv Negativzinsen auf eine Anlage in deutsche Staatsanleihen zu zahlen, da Sie darin ein besonders *„sicheren Hafen"* für Ihre Investitionen sehen.

Ein Beispiel – Zwei Anlageklassen

Wir wollen nun basierend auf den Argumenten eines Nobelpreisträgers und als Begründer der *„modernen Portfoliotheorie"* bekannten Wissenschaftlers Henry Markowitz aufzeigen, dass eine Mischung von risikobehafteten mit *„risikolosen"* Anlageklassen, wie Anleihen sinnvoll und für unsere Zwecke eingesetzt werden kann.

Eine der Hauptimplikationen dieser Theorie ist, dass sich durch die Kombination mehrerer Anlageklassen eine Anlage (Portfolio) ergibt,

Kapitel 8: Dreifach diversifizieren

deren Rendite höher und/ oder Standardabweichung geringer ist als der Durchschnitt der einzelnen Anlageklassen. Dieser Effekt lässt sich umso besser erzielen, je mehr negativ korrelierte oder zumindest nicht stark positiv korrelierte Anteile Sie im Portfolio halten.

Die folgende Abbildung illustriert dies anhand vieler möglicher Kombinationen zwischen Aktien und Anleihen (beide Anlageformen können Sie mittels ETFs/ Indexfonds replizieren).

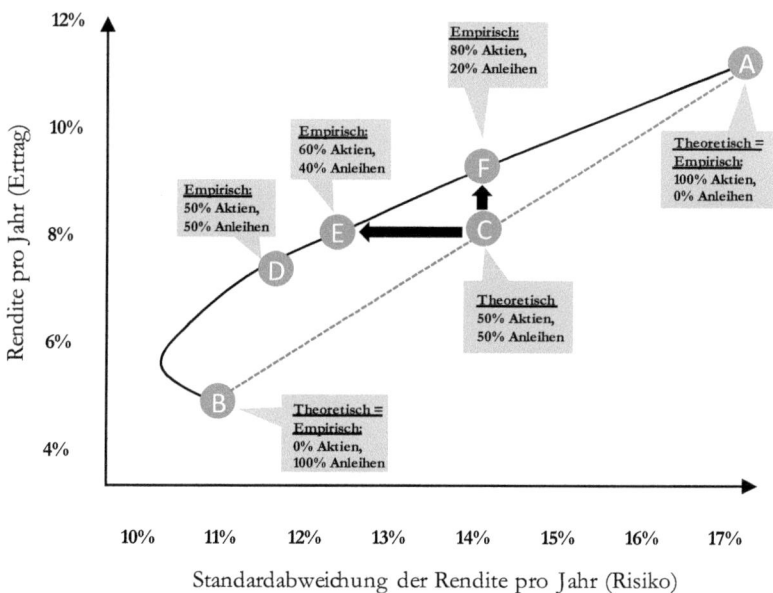

- Punkt A: Mit diesem Punkt lässt sich mit dem Aktienportfolio eine erwartete Rendite von ca. 12% pro Jahr erzielen und muss dafür eine Standardabweichung von 17% pro Jahr in Kauf nehmen.

- Punkt B: Anleihen hingegen erzielen eine deutlich geringere Rendite mit ca. 4%, weisen dafür jedoch eine deutlich geringere Standardabweichung von ca. 11% auf.

- Punkt C: Man würde nun annehmen, dass ein *„durchschnittliches"* Portfolio, in dem jeweils die eine Hälfte des Gesamtportfoliowerts in Aktien und die andere Hälfte in Anleihen investiert sind, eine Rendite von (50% *12%) + (50%*4%)=8% bei einer Standardabweichung von (50%*11%) + (50%*17%) =14% erzielen ließe.

- Punkt D: Wird diese 50%/ 50%-Portfoliozusammensetzung empirisch getestet, so ergibt sich eine tatsächliche Rendite von etwas unter 8% bei einer Standardabweichung von lediglich 12%.

- Punkt E: Um nun das Ergebnis mit der Erwartung vergleichen zu können, empfiehlt sich die Hinzunahme der Beobachtung für ein Portfolio, das zu 60% aus Aktien und zu 40% aus Anleihen besteht. Dieses Portfolio erzielte langfristig eine Rendite von 8% bei einer Standardabweichung von ca. 12%. Es lässt sich also durch die Kombination der beiden Anlagen ein Portfolio konstruieren, das bei gleicher Rendite ein geringeres Risiko aufweist!

- Punkt F: Gleichzeitig zeigt sich empirisch, dass sich auch ein Portfolio konstruieren lässt, welches bei gleichem Risiko eine höhere Rendite erzielt.

Je nach Risikobereitschaft kann der Anleger die für sich optimale Kombination *„wählen"* und die entsprechenden Gewichtungen im Portfolio abbilden. Damit kann er die Rendite bei gegeben Risiko erhöhen.

Die Linie auf der die einzelnen Punkte des Portfolios liegen, kann auch als *„Effizienzlinie"* bezeichnet werden. Diese Theorie lässt sich auf alle möglichen weiteren Anlageklassen wie beispielsweise Rohstoffe, Immobilien, Währungen, Unternehmensanleihen ausweiten. In der Vergangenheit haben sehr viele Studien diese Theorie gestützt, jedoch konnten eine Reihe wissenschaftlicher Studien belegen, dass die Gültigkeit der Theorie nicht immer gegeben sein muss. Insbesondere bei kurzfristiger Betrachtung können sich die Korrelationen der Anlageklassen derart ergeben, dass eine Diversifikation weniger gut möglich ist.

Ein Beispiel dafür ist die globale Finanzkrise, in Folge derer über viele Anlageklassen hinweg, sei es nun Aktien, Immobilien oder auch Anleihen gleichzeitig Verluste hingenommen werden mussten. Gleichzeitig sorgte dann die darauffolgende expansive Geldpolitik zu einem raschen Anstieg der Aktien- und Immobilienpreise, die unter anderem auch durch die hohe Liquidität zurückzuführen ist – insbesondere auch aufgrund der Tatsache, dass die globalen Aktienmärkte zunehmend vernetzt sind und sich auch außerhalb extremer Phasen eine höhere Korrelation der Renditen der Anlageklassen ergibt.

Risiken lassen sich durch Diversifikation zwar minimieren, jedoch nicht einfach *„wegstrukturieren"*.

Diversifikation über Anlageklassen hinweg

Auch hier gilt es die Relevanz für unser konkretes Anlageziel der Altersvorsorge zu hinterfragen. Die Markowitz-Theorie stellt die Standardabweichung als das relevante Risikomaß dar und nicht die Gefahr, einen hohen kumulierten Kursverlust (*„Drawdown"*) zu erleiden.

Ein möglicher Kritikpunkt an dieser Theorie besteht deshalb darin, dass die Standardabweichung der Rendite als Risikomaß herangezogen wird. Für unsere langfristig orientierte Anlagestrategie ist jedoch eben jenes Risiko zu minimieren, einen hohen Gesamtverlust des Portfolios zu vermeiden.

Es zeigt sich, dass auch ein Portfolio mit mehreren Anlageklassen das Risiko eines sehr hohen Verlustes einschränken kann.

Die Idee des *„Allwetterportfolios"*

Zudem ergibt sich bei dem Festhalten an fixen Anlagequoten die Chance, Anlageklassen insbesondere dann zu erwerben, wenn Sie (temporär) niedrig bewertet sind und Abstand von ihnen zu nehmen, wenn ein relativ hohes Bewertungsniveau erreicht wird – die Methode hierzu, das Rebalancing – ist Ihnen bereits vertraut. Das Portfolio wird regelmäßig so umgeschichtet, dass die einzelnen Instrumente wieder ihrer eigentlichen Zielquote entsprechen. Antizyklisches Handeln ergibt sich dadurch, dass bei der Investition gleicher Beträge automatisch mehrere Anteile erworben werden, wenn das jeweilige Instrument vorher einen Kursabschlag hinnehmen musste,

Der Kern des *„Allwetter"*-Ansatzes hat für eine Vielzahl von erfolgreichen Investoren eine hohe praktische Relevanz. Zu den Investoren zählt beispielsweise einer der erfolgreichsten Hedgefondsmanager Ray Dalio, der seinem vermögenden Kundenkreis ein sogenanntes *„Allwetterportfolio"* anbietet – seine Grundannahme hierbei ist, dass die Veränderung der makroökonomischen Zustände wie Inflation, Deflation, positives Wirtschaftswachstum und negatives Wirtschaftswachstum sowie die sich ständig wandelnden Erwartung bezüglich dieser Zustände dazu führen, dass phasenweise jeweils bestimmte Anlageklassen besonders hohe Renditen erzielen und andere Anlagen eine eher schlechtere Performance aufzeichnen.

Die Inflation kann beispielsweise zur Folge haben, dass Aktienkurse steigen. Während der Deflation, also in Zeiten, in denen die Preise fallen, kann das Halten von Cash und Gold dann beispielsweise besonders lukrativ sein. In Zeiten expandierender Wirtschaftsleistungen werden Aktien besonders gut abschneiden – insbesondere, wenn ein relativ niedriges Zinsniveau dazu führt, dass die realen Renditen durch das Halten von Cash, Tagesgeld gering oder gar negativ sind.

Antizyklisches Handeln als positiver Nebeneffekt

Indem ein Anleger nun seine Sparbeträge in einer festen Aufteilung auf die verschiedenen Instrumente innerhalb dieser Anlageklassen streut, setzt er sich nicht nur diesen verschiedenen Faktoren aus und minimiert die negative Auswirkung einer unterdurchschnittlichen Performance, sondern agiert durch das Rebalancing auch antizyklisch.

Wie oben skizziert, kauft er automatisch mehr Anteile an diversifizierten Aktienfonds, wenn die aktuellen Aussichten eher gemischt sind, Hiobsbotschaften die Presse bestimmen. Wenn dann der Aktienmarkt durch euphorische Aussichten geprägt ist und man gemäß übereinstimmenden Experten- und Pressemeinungen *„investieren muss"*, so investiert der Anleger zwar weiter den gleichen Betrag, erwirbt dann jedoch aufgrund der höheren Kurse automatisch weniger Anteile.

Die empirische Grundlage für dieses Konzept bietet die Beobachtung, dass es über Jahrzehnte hinweg immer wieder Phase gab, in denen eine Anlageklasse bspw. Aktien höhere Renditen erzielte als bspw. Gold.

In anderen Zeiträumen kann dies dann anders aussehen und Investitionen in Gold erzielten höhere Renditen als Aktien. Indem Sie über drei bis vier Anlageklassen, d.h. festverzinsliche Instrumente wie Tagesgeld oder Anleihen, Aktien und Rohstoffe, wie Gold und gegebenenfalls auch Immobilien, hinweg investieren, sind Sie langfristig bestens positioniert, um von den besonders hohen, überdurchschnittlichen Renditen dieser Anlageklassen besonders zu profitieren und etwaige Bewertungsrückgänge durch weniger stark ausgeprägte Rückgänge oder ggf. auch Bewertungssteigerungen zu kompensieren/ überkompensieren

Ganz elementar ist jedoch die Aufteilung nach risikobehafteten Instrumenten (Aktienfonds) und risikolosen Instrumenten (Staatsanleihen, Tagesgeld, Festgeld).

Zusammenfassung des Kapitels 8

1. In diesem Kapitel haben wir einen wichtigen Erfolgsfaktor kennen gelernt: Die bewusste *„Asset Allocation"*, also die Aufteilung des Anlagebetrags auf verschiedene Anlageinstrumente.

2. Wir unterscheiden zwischen i.) der zeitlichen Diversifikation, ii) der Diversifikation innerhalb von Anlageklassen sowie der iii.) Diversifikation über Anlageklassen hinweg.

3. Durch die Verteilung der Investitionen auf verschiedene Zeitpunkte wird das Risiko verringert, im Rückblick besonders schlechte Investitionszeitpunkte gewählt zu haben.

4. Die Diversifikation innerhalb von Anlageklassen ergibt sich beispielsweise im Falle von Investitionen in Aktienfonds durch eine Verteilung des Anlagebetrages auf viele verschiedene Einzelaktien über verschiedene Regionen –

hierdurch wird das Risiko verringert, durch eine falsche Auswahl erhöhte Risiken einzugehen. Dies kostet den Anleger zwar die Aussicht auf eine besonders attraktive *„Überrendite"*, erhöht jedoch gleichzeitig die Wahrscheinlichkeit, die für das Erreichen seines Kapitalziels notwendige Zielrendite langfristig zu erwirtschaften.

5. Durch die Investition in mehrere Anlageklassen lässt sich bei gegebener Risikobereitschaft die Rendite erhöhen sowie die Wahrscheinlichkeit verringern, einen hohen Gesamtverlust zu erzielen.

6. Die verschiedenen Diversifikationseffekte sind miteinander verbunden und haben eine wichtige Wirkung auf die Minimierung unseres relevanten Risikos und damit dem Erreichen des persönlichen Anlageziels.

7. Risiko lässt sich nicht einfach *„wegstrukturieren"*, wie es teils von verschiedenen Anbietern von Finanzprodukten suggeriert wird. Vielmehr muss zusätzliche Rendite mit der Übernahme von mehr Risiko verbunden sein. Das Risiko lässt sich nicht einfach eliminieren.

Kapitel 9: Unnötige Kosten vermeiden

Kosten übersteigen vermeintliche Überrendite

In der Einleitung haben wir bereits darauf hingewiesen: Mit der Investition in aktiv gemanagte Investmentfonds bezahlen Sie jedes Jahr ca. 1 bis 1,5% des Werts Ihrer Fondsanteile dafür, dass Sie mit 96%-iger Wahrscheinlichkeit das gleiche oder schlechtere Anlageergebnis erzielen, als eine Investition in passive Anlageinstrumente (bspw. ETF) investiert hätten.

Zusammenfassend gesagt, können Sie mit ETFs (Exchange Traded Funds) in einem bestimmten Index investieren (Indexfonds) oder auch andere Aktienkörbe nachbilden ohne dass Fondsmanager eine Auswahl der Aktien vornehmen. Hierdurch ergibt sich die Abgrenzung zu den aktiven Fonds, deren Manager versuchen, durch besonders geschickte Aktienauswahl (Stock Picking) den Markt zu schlagen – d.h. eine Überrendite zu erzielen. Durch die Investition in ETFs erliegen Sie erst gar nicht der Versuchung, eine Überrendite erzielen zu wollen und akzeptieren damit die Marktrendite eines bestimmten Index, beispielsweise des DAX.

Eine Studie beispielsweise zeigte, dass es lediglich ca. 4% der aktiven Fondsmanager gelingt, langfristig eine Überrendite zu erzielen, die über den Kosten des Fonds liegt. Diese Kosten ergeben sich insbesondere aus Vertriebskosten, Kosten für Werbung, Managementgebühren und Verwaltungskosten.

Eine Vielzahl wissenschaftlicher Studien belegt zudem, dass es Fondsmanagern langfristig mit sehr hoher Wahrscheinlichkeit nicht möglich ist, überdurchschnittliche Renditen zu erzielen. Die oft geführte Diskussion, ob es sich bei diesen Personen letztlich nur um statistische Ausreißer handelt, die einfach nur Glück hatten oder um *„Genies"*, bringt uns an dieser Stelle nicht weiter.

Diese Personen jedoch a priori, d.h. vor der Investition zu identifizieren, erachten wir als höchst unwahrscheinlich. Für den Großteil der Fondsmanager gilt, dass die jährlichen Kosten mindestens genauso hoch sind, wie die Überrenditen, welche sie möglicherweise erzielen.

Auswirkung von Kosten auf Nettorendite

Gehen wir davon aus, dass Fondsmanager aufgrund besonderer Kenntnisse und Fähigkeiten wirklich in der Lage seien, langfristig eine Überrendite von 0,5% pro Jahr gegenüber dem Aktienindex, bspw. dem Dax, zu erzielen – eine sehr optimistische Annahme.

Zusätzlich gehen wir davon aus, dass der aktive Fonds pro Jahr 1,5% mehr kostet als die Investition in dem breiten Marktindex. Dieser Unterschied kommt durch die bereits eingangs erwähnten Verwaltungs-, Vertriebs-, und Managementkosten zustande.

Aufgrund der Kostenbelastung von 1,5% wäre trotz einer Überrendite von 0,5% eine Netto-Überrendite von minus 1,0% nach Abzug der Kosten zu erwarten.

Kapitel 9: Unnötige Kosten vermeiden

Wir wollen dies nun einmal graphisch illustrieren.

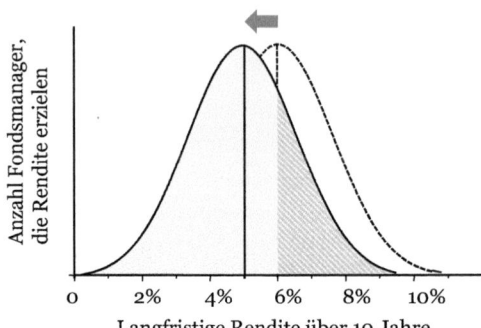

Die gestrichelte Glockenkurve verdeutlicht illustrativ die Verteilung der Wahrscheinlichkeiten der Renditen eines ETFs auf einen breiten Index. Wir nehmen hier illustrativ eine Normalverteilung der Renditen an.

Im Durchschnitt erzielt der ETF, beispielsweise auf den Dax, eine Rendite von 6% – dem höchsten Punkt der Glockenkurve: Diese Rendite wird sich am Häufigsten einstellen. Die gestrichelte Linie weist jedem weiteren möglichen Renditewert eine Wahrscheinlichkeit zu.

Nehmen wir nun an, Sie investieren mit einem ETF nicht in den Markt, sondern in einen aktiven Fonds.

Diese Möglichkeit wird durch die Glockenkurve mit fetter Linie repräsentiert. Durch die Netto-Renditedifferenz von *minus 1% (minus 1,5% Kosten + 0,5% Überrendite)* verschiebt sich diese um einen Prozentpunkt nach links.

Während die Wahrscheinlichkeit, bei der Investition in einen marktbreiten Index über zehn Jahre eine höhere Rendite als 6% zu erzielen,

Kapitel 9: Unnötige Kosten vermeiden

50% beträgt, beziffert sich die Wahrscheinlichkeit bei einem aktiv gemanagten Fonds bei deutlich weniger als 50%.

Da die laufenden Kosten die Überrendite um 1%-Punkt übertreffen, sinkt die Wahrscheinlichkeit, für jeden möglichen Renditewert besser abzuschneiden als die durchschnittliche Rendite des breiten Marktindex. Die dunkel-schraffierte Fläche gibt diese Wahrscheinlichkeit an.

Über einen längeren Zeitraum, beispielsweise von 30 Jahren ist davon auszugehen, dass die Wahrscheinlichkeit, eine höhere oder geringere Rendite als die der durchschnittlichen Marktentwicklung zu erzielen, sinkt. Die Verteilungskurven werden somit *„schlanker"* (vgl. Kapitel 8). Ausreißer sind weniger wahrscheinlich:

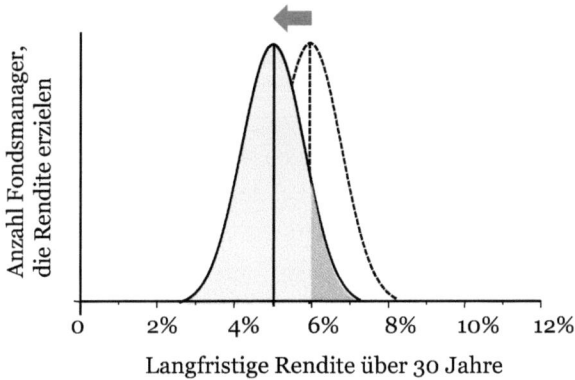

Die Wahrscheinlichkeit, dass ein Fondsmanager den breiten Markt nach Berücksichtigung der laufenden Kosten *„schlägt"*, sinkt zusätzlich. Die dunkel-schraffierte Fläche verringert sich weiter.

Auch wenn in der Realität die Renditen nicht normalverteilt sind, lässt sich anhand dieser Beispiele illustrieren, dass die Wahrscheinlichkeit, einen Fonds zu halten, der nach Kosten besser abschneidet als der

Markt zwar nicht unmöglich, jedoch insbesondere über einen längeren Zeitraum als sehr unwahrscheinlich anzusehen ist.

Weshalb aber werben jedoch die Fondsanbieter regelmäßig mit erfolgreichen Fonds, die schon seit Jahren besser als der Markt abschneiden? Jedem sind diese Aussagen aus Presseanzeigen oder dem seriös und interaktiv aufgearbeiteten Anzeigen im Internet bekannt.

Die *„magische"* Münze

Das Phänomen, dass Fondsanbieter immer wieder Fonds ausweisen, die langfristig eine Überrendite erzielen, muss schon allein auf Basis der Grundsätze der Wahrscheinlichkeitsrechnung existieren.

Stellen Sie sich vor, Sie wollten anderen Personen, die nichts von der Wahrscheinlichkeitsrechnung verstünden, eine *„magische"* 1-Euro-Münze verkaufen, die bei Münzwürfen *„immer Kopf"* zeige.

Um die Magie der Münze zu belegen, fahren Sie jedes Jahr zu einem Notar, der die Münzwürfe für Sie dokumentiert. Er wird jedem potentiellen Käufer der Münze bestätigen, dass die Münze *„x"* innerhalb der letzten vier Jahren immer *„Kopf"* gezeigt hat. Diese Münze verkaufen Sie dann für zehntausend Euro, weil der potentielle Käufer die Münze nutzen kann, um bei diversen Glücksspielen immer praktischerweise mit der *„magischen"* Kopf-Münze zu gewinnen.

Natürlich gibt es (zumindest nach unserem Kenntnisstand) keine *„magische"* Kopf-Münze, sondern es handelt sich ein reines statistisches Phänomen. Wenn Sie beispielsweise jedes Jahr 128 Münzen werfen, so verbleiben nach dem ersten Wurf 64 Münzen, die mit *„Kopf"* landen. Beim zweiten Wurf werden es 32 Münzen sein, die bei jedem Wurf *„Kopf" zeigten*. Nach dem dritten Wurf sind es 16. Nach dem vierten Wurf 8. Nach dem fünften immer noch 4.

Sie können diese vier Münzen als besondere *„magische"* Glücksmünzen verkaufen mit der notariellen Beurkundung, dass diese Münzen in den vergangenen fünf Jahren wirklich jedes Mal *„Kopf"* zeigte – Glauben Sie nicht? Dann schauen Sie mal, was in den letzten fünf Jahren passiert ist – fünfmal Kopf hintereinander: notariell beurkundet!

Der *„magische"* Aktienfonds

Auch wenn dieses Beispiel einfach und plakativ ist, verdeutlicht es, in welcher Weise große Fondsanbieter regelmäßig eine Vielzahl von Fonds bewerben können, die schon seit Jahren den Markt schlagen. Bei einer ausreichenden hohen Fondsanzahl muss es schon allein aus statistischen Gründen einige Fonds geben, die besser abschneiden als der Markt.

Dieser Effekt wird dadurch verstärkt, dass Fondsanbieter schlechte Fonds nicht nur *nicht* aktiv bewerben, sondern auch aus Ihrem Angebot nehmen. Langfristig hat dies zum Effekt, dass lediglich die Renditen der Fonds beobachtbar sind, die erfolgreich waren. Wissenschaftler sprechen bei dieser Verzerrung von dem sogenannten *„Survivorship Bias"*. Die erfolgreichen Fonds *„überleben"* und werden dann auch in den sehr aufwändig und hübsch aufgewerteten Werbebroschüren oder Internetseiten (für welche die Käufer der Fonds natürlich ebenfalls, wenn auch indirekt zahlen) aufgezeigt oder im persönlichen Beratungsgespräch mit dem netten, professionell wirkenden *„Berater"* (besser Verkäufer, für den Sie auch wieder zahlen, da er die eigenen Personal-, Filial- und Verwaltungskosten einholen muss) schmeichelhaft und rhetorisch geschickt angedient.

Jeder Fondsanbieter wird von den vielen ausgegebenen Fonds eine Handvoll Fonds benennen können, deren Rendite höher als die des allgemeinen Aktienmarkts ausgefallen ist.

Dies ist der Grund, weshalb Sie überall von Fonds hören, die besser abschneiden als der Markt und auch sicherlich in Ihrem Bekannten- oder Kollegenkreis Personen kennen, die von Ihren aktiv gemanagten Fonds schwärmen, welche schon *„seit Jahren"* bessere Erträge erzielten als der Gesamtmarkt.

Überrendite nach Kosten – schön verpacktes Glück

Die deutliche Mehrzahl wissenschaftlicher Studien weist jedoch darauf hin, dass die Wahrscheinlichkeit, den Markt zu schlagen nach Berücksichtigung der hohen Kosten in Form von Fondsgebühren, sehr gering ist.

Da es für den Normalanleger nur unter Annahme einer gehörigen Portion Glück möglich sein sollte, diese geringe Anzahl im Vorhinein erfolgreich zu identifizieren, empfehlen selbst Personen, denen es nachweislich gelungen ist, den Markt zu schlagen, die Investition in passive Indexfonds anstatt in andere Produkte.

Das Zitat von Warren Buffet in seinem Brief an die Aktionäre aus dem Jahr 2013 verdeutlicht auch die Meinung des Manns, der wegen seiner oft zitierten *„hellseherischen"* Fähigkeit oft auch selbst für andere Interessen herhalten musste:

„My advice to the trustee could not be more simple: Put 10% of the cash in short-term government bonds and 90% in a very low-cost S&P 500 index fund. (I suggest Vanguard's.) I believe the trust's long-term results from this policy will be superior to those attained by most investors -- whether pension funds, institutions or individuals -- who employ high-fee managers."

Diese Vorgehensweise sieht er für die Verwaltung seines Vermögens nach seinem Tod vor. Ein starkes Signal.

Kapitel 9: Unnötige Kosten vermeiden

Der Einfluss von Kosten auf den Anlageerfolg

Mit einer Investition in aktive Managementfonds bezahlen Sie in vielen Fällen für etwas (Aussicht auf Überrendite), dem jedoch kein adäquater Gegenwert (entsprechend hohe Überrendite) gegenübersteht.

Im Gegenzug sparen Sie im Durchschnitt 1 bis 1,5% pro Jahr an Fondsgebühren. Wenn Sie nun Aussagen vernehmen wie *„1% bis 1,5% im Jahr das ist doch nichts"*, *„darauf kommt es jetzt auch nicht an"* oder *„Hauptsache überhaupt vorgesorgt – besser als gar nicht"*, dann wissen Sie nach Lektüre des Buches genau, was Sie davon halten können.

Die folgende Abbildung zeigt exemplarisch, welche Beträge sich durch die Vermeidung unnötiger Kosten über die Jahre einsparen lassen:

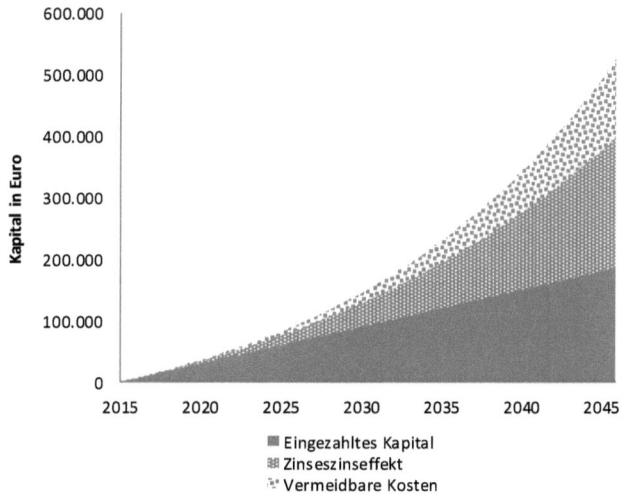

Die gepunktete Fläche stellt dabei den Betrag dar, der durch den Rückgriff auf kostengünstigere Fonds eingespart werden kann. In realistischen Szenarien können diese vermeidbaren Kosten gut ein Drittel bis zu der Hälfte der eingezahlten Beträge ausmachen. Schnell summieren sich diese Beträge auf den Wert eines Kleinwagens. Dies liegt unter anderem darin begründet, dass die Kosten die Grundlage für den Zinseszinseffekt deutlich verringern. Auch hier gilt: Das angesparte Kapital kann weniger gut für Sie *„arbeiten"*.

Zusammenfassung des Kapitels 9

1. Es zeigt sich, dass schon ein sehr geringer Prozentsatz einen erheblichen Einfluss auf die regelmäßig zu erbringende Sparleistung hat.

2. Indexfonds/ ETFs haben den Vorteil, kostengünstiger zu sein – dafür verzichten Anleger jedoch auf die Erzielung einer möglichen Überrendite.

3. Die Anbieter aktiver Fonds beanspruchen hingegen für sich, besonders hohe Überrenditen erzielen zu können. Ob sich hierdurch jedoch langfristig nach Berücksichtigung sämtlicher Kosten ein besseres Ergebnis erzielen lässt, ist umstritten.

4. Im Rückblick lassen sich Fonds identifizieren, deren Manager auch über Jahre hinweg eine Überrendite erzielen konnten. Ein sehr großer Anteil dieser Fonds kann dies jedoch nur über einen begrenzten Zeitraum für sich beanspruchen.

5. Es bleibt weiterhin fraglich, ob es dem Privatanleger aber auch den institutionellen Anlegern möglich sein kann, im Vornhinein genau die aktiven Fonds zu identifizieren,

welche nach Kosten besser abschneidet als ein Indexfonds.

6. Somit können Sie die Nutzung von Indexfonds als Anlageinstrument gegenüber traditionellen aktiv gemanagten Fonds viel Geld sparen, wenn Sie davon ausgehen, dass es Ihnen nicht gelingen wird, einen Fonds mit Überrendite zu identifizieren.

7. Ähnlich wie durch die Diversifikation lässt sich somit für Sie als Anleger die Rendite erhöhen, ohne ein höheres Maß an Risiko eingehen zu müssen.

8. Aufgrund dieser Zusatzrendite müssen Sie monatlich weniger Geld aufbringen, um Ihre langfristigen Sparziele zu erreichen.ju8

Kapitel 10: Kritisch am Ball bleiben und Flexibilität sichern

Die Welt verändert sich – bleiben Sie flexibel

Langfristiges Investieren setzt auf einer Vielzahl von Annahmen auf, die regelmäßigen Änderungen unterworfen sind. So verändert sich nicht nur das allgemeine wirtschaftliche Umfeld, das vorherrschende Zinsniveau, die Stimmung an den Aktienmärkten, die Höhe der Inflationsrate, sondern auch die politischen Rahmenbedingungen.

So wichtig es ist, heute mit dem Handeln zu beginnen, so bedeutsam ist es auch, den eingeschlagenen Weg nach gewissen Abständen anzupassen.

Dies ist mit dem Piloten vergleichbar, der mit einem klaren Ziel und einer definierten Route die Reise antritt, gleichzeitig aber von der Möglichkeit Gebrauch macht, jederzeit flexibel auf besondere Gegebenheiten reagieren zu können – beispielsweise auf Veränderungen der Windverhältnisse, der Atmosphäre, Temperaturschwankungen, Verkehrsdichte etc.

Auch bei der langfristigen Geldanlage ist der Raum der Möglichkeiten zunächst unendlich groß, die Freiheitsgrade unbeschränkt. Sie sehen dies nicht als zu große Herausforderung, da Sie sich Ihrer Ziele genau bewusst sind. Sie beginnen nun und haben nicht nur einen klaren Plan, sondern auch bereits die Maßnahmen initiiert, um Ihre persönliche *„Geldmaschine"* ans Laufen zu bringen.

Dieser Plan berücksichtigt gleichzeitig auch mögliche negative Entwicklungen in der Zukunft, wie bspw. temporäre Kursverluste, reale Niedrigzinsen sowie anderen möglichen Überraschungen wie zum

Beispiel auch, dass Sie länger leben als der durchschnittliche Bundesbürger (Sie sollten beispielsweise wegen Ihrer Altersvorsorge nicht darauf verzichten) oder auch außerordentliche Sonderzahlungen zu tätigen haben. Andererseits ist es natürlich auch möglich, dass Sie aufgrund außerordentlich hoher Gehaltserhöhungen, Zusatzzahlungen wie zusätzlicher Monatsgehälter, außerplanmäßige Einnahmen zu verzeichnen haben. Bei konstanter Sparquote steigt dann der Betrag, den Sie maximal für das Erreichen Ihrer langfristigen Sparziele einsetzen können.

Die *„perfekte"* Planung gibt es nicht

Auch bei dem Verfolgen langfristiger Anlageziele gilt: So gut und detailliert Sie auch planen – es wird mit Sicherheit anders kommen. Sie können nicht sämtliche zukünftige Ereignisse und Zustände von Vornherein in Ihrer Planung berücksichtigen.

Unflexibel zu sein, kann Ihnen in Situationen, in denen Sie Ihr Vorgehen eigentlich anpassen müssten, teuer zu stehen kommen. Unser Rat ist deshalb, zum Beispiel bei der Altersvorsorge keine langfristigen, komplexen, und/oder undurchsichtigen Verträge einzugehen, die Sie entweder handlungsunfähig machen oder deren Anpassung sehr teuer ist.

Diese Anlässe zur Änderung müssen nicht nur externen Ursprungs sein. Beispielsweise können sich auch Ihre Präferenzen bzgl. des Renteneintrittsalters verändern (früher oder später), Sie möchten im Alter eine höhere Rente erreichen oder Ihre Einkommenssituation verbessert sich und Sie möchten mit einem zusätzlichen, Teil der Gehaltserhöhung Ihrer Altersvorsorge finanzieren.

Handlungsspielräume sichern

Wann sind Sie also in Ihrem Handlungsspielraum *„beschränkt"*? Dies kann beispielsweise im Rahmen von Lebensversicherungsverträgen ergeben. Oft ist hier beispielsweise eine vorzeitige Kündigung oder das Aussetzen der Versicherung (Beitragsfreistellung) mit signifikanten Kosten verbunden. Als Konsequenz werden Verträge dann oft nicht gekündigt oder durch weitere Verträge/ alternative Anlagen ergänzt.

In diesen Fällen wird die Anpassung an neue Rahmenbedingungen durch ein komplexeres Gebilde erkauft. *„Irgendwie"* wird dieses Gebilde die Altersvorsorge schon erledigen – aber eine richtige Transparenz ist nicht wirklich vorhanden. Dies hat zur Konsequenz, dass Sie wichtige Fragen, beispielsweise, ob die Höhe der Sparrate noch adäquat ist, nicht beantworten können.

Sobald Sie dann auch noch mit verschiedenen Unternehmen sprechen, die jeweils einen Anreiz haben, das Konkurrenzprodukt zu ersetzen, wird es bei konkurrierenden *„Expertenmeinungen"* besonders *„interessant"* und der Leidtragende ist letztlich der Kunde, der quasi *„blind"* oder vor lauter Verwirrung einen Vertrag abschließt. Mehr als 50% der Lebensversicherungsverträge werden in den ersten 20 Jahren der Laufzeit gekündigt. Die Vorteile, die sich durch das langfristige Festhalten ergeben, beispielsweise durch die Garantie einer Mindestverzinsung, können damit verloren gehen. Die Provision wurde natürlich trotzdem verdient.

Gleichzeitig kann es aber auch ratsam sein, bestimmte Verträge nicht zu kündigen. Oft ist hier beispielsweise eine vorzeitige Kündigung oder das Aussetzen der Versicherung (Beitragsfreistellung) mit erheblichen Kosten verbunden. Als Konsequenz dessen werden Verträge oft nicht gekündigt beziehungsweise durch weitere Verträge oder alternative Anlagen ergänzt.

Es gibt kein *„für"* oder *„wider"* bestimmter Produkte, die am Markt für den Zweck des langfristigen Kapitalaufbaus bestehen – vielmehr sollte man mit einer kritischen Grundhaltung diese Produkte hinterfragen.

Ein Buch kann diese Komplexität nicht abbilden: Sprechen Sie mit einem Honorarberater! Dies wird Sie zwar einen Betrag von ca. 150 bis 300 Euro kosten, jedoch wird diese Investition dazu beitragen, dass Sie die langfristige Geldanlage meistern.

Die Inhalte dieses Buches sollen Ihnen einige Informationen zur Hand geben, die Sie für ein solches Gespräch mit einem unabhängigen Berater vorbereitet und es Ihnen erlaubt, mit ihm auf Augenhöhe über Ihre finanzielle Zukunft zu diskutieren. Trauen Sie sich ruhig, den Beratern mit der ein oder anderen Einsicht dieses Buches *„herauszufordern"* und damit auf Herz und Nieren zu prüfen!

Schlagen Sie professionelle Anbieter

Dies ist bitte nicht wörtlich zu nehmen.

Vergegenwärtigen Sie sich: Anbieter komplexerer Anlageprodukte aber auch Versicherungen können letztlich auch nur in Aktienfonds, festverzinsliche Anlage oder alternative Anlageklassen investieren. Die gleichen Instrumente also, die Ihnen selbst als informierten Privatanleger zur Verfügung stehen.

Es ist schlichtweg nicht der Fall, dass sich kommerzielle Anbieter besonderer Instrumente bedienen könnten: *„Marktrendite ist Marktrendite"*. Risiken lassen sich ab einem Punkt nicht ohne Kosten einfach *"wegstrukturieren"*. Werden Sie besonders wachsam, wenn dies auch nur angedeutet wird.

Trotzdem werden die Produkte oft damit beworben, dass sie *"ausgeklügelt"* seien und mittels einer besonders klugen Anlagestrategie besonders hohe Rendite erzielt werden können. Oft wird mit Begriffen wie *"Dynamik"*, *"Flexibel"* geworben, um eine besonders ausgetüftelte Anlageform zu suggerieren. Dies mag im Einzelfall auch stimmen, jedoch stehen Ihnen als Privatanleger die gleiche *"Technologie"* zur Verfügung.

Insbesondere, wenn Sie die vorher beschriebenen Erfolgsfaktoren berücksichtigen und auch qualifizierte, unabhängige Berater mit einbeziehen, finden Sie sich in der Lage versetzt, zumindest die gleichen Anlageergebnisse zu erzielen wie Anbieter vermeintlich *"hochsophostizierter"* Produkte.

Gleichzeitig sparen Sie jährlich die ein bis zwei Prozentpunkte an Gebühren, die beispielsweise einen erheblichen Einfluss auf Ihre Altersvorsorge haben können und den monatlichen aufzubringenden Beitrag deutlich reduzieren.

Wenn Sie sich dazu entscheiden, ein *"Vertrags Wirr-Warr"* zu vermeiden und die Altersvorsorge selbst in die Hand zu nehmen gilt es jedoch gleichzeitig, die gewonnene Flexibilität nicht falsch zu nutzen.

Sie müssen sich an Ihre selbstgesteckten Ziele halten und sollten – wenn überhaupt – nur in wirklichen Extremfällen Sparraten aussetzen oder gar Kapital entnehmen. Letzteres Vorgehen könnte nämlich zur Folge haben, dass Sie ggf. zu einem sehr ungünstigen Zeitpunkt Aktien veräußern müssen und damit nicht nur Geld aus dem Topf für das Erreichen Ihrer langfristigen Kapitalziele nehmen, sondern auch ein Minusgeschäft machen. Selbst, wenn Sie Aktien mit einem hohen Gewinn verkaufen sollten, dann jedoch für andere Zwecke als für die Altersvorsorge verwenden, sollten Sie sich vor Augen führen, dass Sie damit von der Erreichung Ihrer langfristigen finanziellen Ziele abrücken.

Zusammenfassung des Kapitels 10

1. Flexibel zu bleiben, ist der letzte wesentliche Erfolgsfaktor, den wir vorstellen – gleichzeitig jedoch auch ein sehr wichtiger.

2. Die Flexibilität ergibt sich dadurch, dass Fondsanteile hochvolumiger, liquider ETFs jederzeit zu relativ geringen Kosten veräußert werden können – als Anleger sind Sie nicht an Mindestanlagezeiträume, Mindestrenditen, Kündigungsdauern, Sonderkündigungsrechten etc. gebunden.

3. Unflexible Verträge, die bspw. keine Anpassung der Sparrate und/ oder Anpassung des gewünschten Renteneintrittsalters erlauben, sind daher als kritisch einzuordnen.

4. Führen Sie sich immer wieder vor Augen, dass Sie sich bei der Anlage der gleichen Instrumente bedienen können, die ebenfalls Fondsmanagern zur Verfügung stehen – das Erzielen besserer Ergebnisse als aktiver Fondslösungen ist nicht nur möglich, sondern wahrscheinlich.

5. Die gewonnene Flexibilität gegenüber starren Verträgen sollte nicht dazu genutzt werden, einmal eingezahlte Beträge für andere Zwecke als die Ihrer langfristigen, finanziellen Ziele zu zweckentfremden.

Nächste Schritte und Umsetzung

In diesem Buch haben Sie die wesentlichen Erfolgsfaktoren bei der Umsetzung einer langfristigen Anlagestrategie kennengelernt.

Wir sind davon überzeugt, dass es keine standardisierte *„Anleitung"* für eine erfolgreiche Spar- und Anlagestrategie geben kann. Viel wichtiger ist die Entwicklung einer speziellen Einstellung, einer Sensibilität bzgl. wichtiger Erfolgsfaktoren sowie die Bereitschaft, sich ggf. auch intelligent externe Hilfe in Anspruch zu nehmen.

Die vorweg dargestellten Erfolgsfaktoren können Sie fortan als eine Art „Checkliste" nutzen, um die möglichen Anlageformen kritisch zu hinterfragen – ganz nach dem Motto: *„It is remarkable how much long-term advantage people like us have gotten by trying to be consistently not stupid, instead of trying to be very intelligent. There must be some wisdom in the folk saying, 'It's the strong swimmers who drown." (Charlie Munger, Vice Chairman der Investmentgesellschaft Berkshire Hathaway)*

Wir wünschen Ihnen viel Erfolg bei der konkreten Umsetzung Ihrer individuellen Spar- und Anlagestrategie!

Ihr Team von ETFsparer.de